KB119935

다오 DAO

탈중앙화 자율조직으로 '되는 사업'을 만드는 탁월한 방법

Decentralized Autonomous Organization

DAO

다오

이유미 지음

위즈덤하우스

미래 세대를 사로잡는 조직의 비밀

우리는 수많은 조직에서 생활한다. 작게는 동호회, 인터넷 카페 등에 속하고 사회에서는 직장에 속한다. 본인의 의지든 아니든 사람은 사회적 동물이기에 대부분 혼자서 모든 걸 해결하기보다는 누군가와 함께 조직을 만들어 생활하고 사회를 살아간다.

여러 조직 문화 속에서 적응해 살아가고 있지만 불만이 없는 건 아니다. 모두를 만족시키는 완벽한 조직은 없기 때문이다. 회사를 위해 하루 8시간 넘게 회사에서 일하는 사람은 직장인인데, 왜 회사의 주인은 직장인이 아니라 주주인 걸까? 국민의 목소리를 잘 듣고 모두를 위한 법을 만들라고 뽑은 정치인, 자치단체장, 그리고 많은 권한을 가진 고위공무원들은 왜 다수의 국민보다는 소수를 위해서 일하는 것처럼 보일까?

비단 조직만의 이야기가 아니다. 메타나 유튜브 등 플랫폼 서비스가 성장하기 위해서는 사용자와 크리에이터의 적극적인 활동이 필수다. 사용자와 크리에이터는 자신의 시간을 플랫폼을 위해 소비했고 자신의 데이터도 플랫폼에 제공했지만, 플랫폼 성장에 따른 수익은 왜 플랫폼 기업이 다 가져가는 것일까?

그동안 사회는 권한과 권력을 분산하기 위해 많은 노력을 해왔으며 그 결과의 산물이 '민주주의'다. 민주주의는 지금까지의 정치 제도 중 가장 나은 제도로 인정받고 있다. 하지만 앞서 쏟아져 나온 많은 질문을 보면 과연 지금의 민주주의가 우리 정치, 사회에 제대로 반영되고 있는지에 관한 의문이 든다. 여전히 소수에게 더 많은 권한과 권력이 주어지고 있어서 탈중앙화가 주목받고 있는 건지도 모르겠다.

탈중앙화는 중앙집중식 구조를 벗어나 권한과 권력을 분산하는 구조를 말한다. '블록체인' 기술을 통해서 말이다. 탈중앙화는 소수의 대표자가 아닌 모두가 의사 결정에 참여한다. 기술로 투표 시간을 절약하고 어디서나 투표할 수 있다. 블록체인으로 데이터와 정보도 투명하게 공개된다.

조직 활동을 통해 벌어들인 수익은 미리 설정한 알고리즘으로 분배한다. 그리고 누구나 조직에 참여하고 탈퇴할 수 있다. 토큰만 있으면 된다. 플랫폼 사용자도, 직원도 조직의 '주인'이 될 수 있다. 그것이 바로 탈중앙화 자율조직 'DAO(다오)'다.

웹3.0 시장에서는 DAO가 미래의 조직을 대체할 것으로 전망한다. 조직이라면 작게는 커뮤니티부터 기업, 정부, 플랫폼 서비스도 가능하다. 하지만 DAO는 여전히 어렵고 해결해야 할 문제도 많다. 탈중앙화가 모두가 공평하게 참여하고 보상을 나눈다는 의미에서 좋아 보이지만 이론과 현실은 다르다. 아직 풀지 못한 숙제가 있으며 현실적인 문제에 부딪히는 부분도 많다. 그래서 모든 조직을 DAO가 대체하지는 못할 것이다. 그럼에도 DAO의 등장은 조직의 형태가 다양해진다는 점에서 긍정적이다.

　DAO가 조직의 한 형태, 기업이 아닌 또 다른 새로운 일자리의 형태로도 자리 잡을 수 있다. 이미 어느 한 직장에 속하기보다는 자유롭게 일하는 사람이 늘어나는 추세도 DAO의 특징과 잘 맞아떨어진다. 다양한 모습을 가진 DAO를 모르고 미래 세대를 알아갈 수는 없다. 그래서 이 책에서는 미래를 바꿀 DAO에 관해서 전반적인 내용을 담았다.

　1부에서는 DAO에 관한 설명과 한계점과 해결해야 할 부분, 2부에서는 왜 우리 사회는 DAO를 향해 갈 수밖에 없는지를 지금의 사회 모습과 비교했다. 그리고 3부에서는 여러 DAO의 사례를 다뤘다. 각 DAO들은 지금도 계속 더 효율적이고 나은 방향으로 발전하기 위해 운영 정책 등을 끊임없이 바꿔나가고 있다. 또 새로운 DAO가 탄생하거나 사라지기도 한다. 책에는 DAO의 사례를 2023년 4월을 기준으로 정리했다. 이후 이 책을 읽는 시점에 DAO의 상황이 조금 달라질 수도 있지만, DAO가 어떠한 방식으로 설립되고 운영되는지를 이해할 수 있도록 사례를 정리했다. 이 책이 DAO를 이해하는 데 많은 도움이 되었으면 한다. DAO를 알아야 미래를 알고 대비할 수 있으니 말이다.

차례

DAO

1부

DAO란

1장
새로운 조직의 등장, DAO

아무도 관리하지 않아도 스스로 돌아가는 비트코인을 보면 신기하다. 비트코인 개발자로 알려진 사토시 나카모토는 비트코인 논문을 발표하고 비트코인을 처음 발행한 후 지금까지 자신의 존재를 드러내지 않고 있다. 또 비트코인이 어떠한 방향으로 흘러갈지에 관해서도 일절 관여하지 않는다.

반면 지금까지의 금융 시스템이나 행정 시스템, 또는 사람들로 구성된 조직은 중심에서 이를 관리하는 누군가가 필요했다. 시스템의 로직이나 조직의 규정을 구성원이 함께 만들어도 누군가는 이것이 제대로 지켜지는지, 잘 작동하는지 감시하고 관리해야 하기 때문이다.

하지만 비트코인은 감시하거나 관리하는 주체가 없는데 어떻게 10년 넘게 유지될 수 있었을까? 바로 블록체인 덕분이다. 블록체인은 데이터를 분산해서 저장하고 데이터 거래 내역을 누구나 확인할 수 있도록 투명하게 기록하는 기술이다. 이를 통해 특정 주체가 악의적으로 비트코인의 알고리즘을 수정할 수 없도록 막을 수 있으며 서로가 거래를 감시할 수 있어서 누군가 관리하지 않더라도 잘 작동할 수 있다.

비트코인은 '비트코인BTC'이라는 암호화폐를 컴퓨터 코드를 통해 유통할 수 있는 블록체인 네트워크다. 은행이나 정부를 통하지 않고 누구나 비트코인을 자유롭게 주고받을 수 있다. 이러한 블록체인은 여러 사람이 특정 목적이나 특정 기능을 위해 모여 협동하는 '조직'으로도 활용된다. 바로 'DAO'다.

DAO는 '탈중앙화 자율조직'이라는 뜻을 지닌 Decentralized Autonomous Organization의 약자다. 말 그대로 중앙에서 관리하지 않고 자율적으로 운영되는 조직을 말한다.

기업의 경우 회사 내규와 관리 부서가 있다. 그리고 회사의 중요한 의사 결정은 주주나 임원이 한다. 기업의 특정 주체들이 결정하고 관리하는 방식이다.

반면 DAO는 DAO에서 발행한 토큰을 보유한 사람들이 조직의 주인이 되고, 조직과 관련된 결정을 하며 활동을 통해 번 수익을 나눠 갖는다. 소수에게 집중됐던 조직의 권력과 권한이 여러 사람에게 분산되는 것이다.

	기업	DAO
기업 구조	수직적, 중앙집중화	수평적, 분산화
소유권	주식	토큰
소유자	주주	토큰 보유자
커뮤니티 업데이트	분기/반기/연차 보고서, 주주총회	트위터, 깃허브, 디스코드, 주간 및 월간 미팅
회계 및 감사	상장기업은 투명한 편, 비상장기업은 불투명한 편	블록체인에 구축된 오픈 소스 코드에 기반해 투명하게 공개
거버넌스	기업 절차에 따라 이사회 또는 주주총회를 통해 투표	블록체인의 스마트 계약을 통해 투표 자동화
업무	임직원	DAO에서 고용한 직원, DAO 구성원
수익 배분, 보상금	주주는 배당금, 임직원은 월급	DAO에서 설정한 방식대로 토큰 보유자(DAO 구성원)에게 분배, DAO 생태계에 기여한 만큼 보상금 제공
조직 구성원이 모이는 곳	사무실	디스코드

전통 기업과 DAO 비교(참고: 갤럭시 디지털 리서치, KB증권)

DAO가 돌아가는 방식

DAO가 어떻게 조직으로 작동할 수 있는지 살펴보자. 먼저, 조직 이란 특정한 목적을 달성하기 위해 모인 체계 있는 집단을 말한다. DAO도 조직의 한 종류로, 특정한 목적을 달성하기 위해 설립된다. DAO가 자율적으로 돌아가는 조직을 추구하지만, 처음부터 모든 게 자율적으로 형성되는 것은 아니다. 처음 만들어질 때는 누군가 가, 또는 특정 주체가 DAO 설립을 주도한다.

DAO가 설립되는 과정을 간단하게 살펴보자. 우선 DAO의 목적 과 기본 방향을 정하고 DAO의 운영 방식, 기본 규칙과 규정을 정 한다. 이때 규칙과 규정 등은 블록체인 기술을 활용한 스마트 계약 smart contract으로 기록한다. 스마트 계약은 계약 조건이 충족되면 자 동으로 다음 행위가 실행되는 것을 말한다. 예를 들어, A가 10일 이 내에 상품 제작을 완성하면, B는 A에게 10만 원을 입금한다는 스 마트 계약을 블록체인에 기록했다고 가정해보자. 'A가 10일 이내에 상품 제작을 완성'한 조건이 충족되면, B는 A에게 입금하는 행위를 별도로 하지 않더라도 자동으로 B가 설정한 계좌에서 10만 원이 A 에게 이체된다. 스마트 계약은 블록체인에 기록되기 때문에 누구나 DAO에서 설정한 스마트 계약을 확인할 수 있다.

DAO의 기본적인 내용이 결정되면 다음으로 DAO 구성원들을 모집한다. 이때 토큰을 통해서 구성원을 모집하는데, 토큰은 암호 화폐나 NFT가 될 수 있다. DAO를 운영하기 위한 기본 자금이 필요하다면 구성원을 모집할 때 토큰을 돈을 받고 판매하고 자금이 필요 없다면 구성원들에게 토큰을 무료로 나눠줄 수도 있다. 토큰 보유자가 DAO의 구성원이 되는 것이고, 토큰을 판매해 모은 자금은 DAO의 운영 자금이 된다. 이 운영 자금을 보관하는 것을 '트레저리 Treasury'라고 한다.

구성원을 모은 후에는 DAO의 목적에 맞게 임무를 수행하거나 활동하면 된다. DAO의 임무를 수행해야 할 사람이 필요할 때는 풀타임이나 파트타임 직원을 채용하기도 하고 DAO 구성원 중에서 업무를 담당할 사람을 뽑기도 한다. 이들에겐 DAO에 기여한 만큼 DAO 토큰이나 현금으로 보상한다. 이 보상에는 DAO의 운영 자금이 활용될 수 있다.

① DAO의 목적, 기본 방향, 운영 방식, 규정 등 결정
② 정한 내용을 블록체인에 기록, 스마트 계약으로 설정
③ DAO 구성원 모집
④ DAO 목적에 맞게 미션 수행
⑤ DAO 운영 방식 변경이나 결정이 필요한 부분은 DAO 구성원 대상 투표 진행
⑥ DAO 수익이 나는 경우 트레저리에 쌓아두거나 구성원에게 배분

DAO 설립 과정

DAO의 운영 방식이나 규칙 등을 변경해야 할 때는 DAO 구성원들의 투표가 진행된다. 투표권을 어떻게 할당할지는 DAO에 따라 다르지만, 현재 가장 많이 활용되는 방식은 보유 토큰 수만큼 투표권을 행사하는 방식이다. 토큰을 많이 보유할수록 투표 권한도 높아진다.

DAO 활동을 통해 수익이 나는 경우 DAO 구성원들에게 수익을 배분할 수 있다. 배분하는 방식과 기준도 구성원들과 함께 결정하게 된다.

DAO가 운영되는 중간에 구성원으로 참여하고 싶다면 DAO에서 발행한 토큰을 가상자산 거래소에서 매수하면 되며, 더 이상 구성원으로 활동하고 싶지 않다면 토큰을 매도하면 된다. 토큰을 통해 구성원의 일원이 되느냐 탈퇴를 하느냐가 결정된다. DAO에 따라서는 토큰을 보유하고 있더라도 DAO 구성원들의 승인이 필요하거나 기준을 충족해야 정식 구성원으로 활동할 수 있기도 하다.

스타트업에 투자하는
DAO를 만든다면

DAO는 우리에게 익숙하지 않고 눈앞에 보이는 실체가 아니기에 여전히 떠올리기 어려울 수 있다. 스타트업에 투자하는 DAO인 '투자 다오DAO'를 가정해 예시를 들어보자.

홍길동과 김철수는 스타트업에 투자하고 싶지만 스타트업 투자 관련 전문 지식도 없고 스타트업에 투자할 만큼의 자금을 갖고 있지도 않다. 하지만 이들은 큰 잠재력을 품고 있는 좋은 스타트업을 발굴해 초기에 투자하고 육성해 사회에서 해결하지 못한 문제를 풀거나 혁신에 일조하고 싶다는 생각을 줄곧 해왔다. 꿈을 실현하기 위해 홍길동과 김철수는 생각이 비슷한 사람들을 모아 '투자 다오'를 만들기로 했다. 이 투자 다오의 목적은 '자금이 부족하지만 아이디어와 기술이 뛰어난 스타트업을 발굴해서 투자하고 수익을 내는 것'이다.

홍길동과 김철수는 투자 다오의 기본적인 운영 방침과 규칙을 정한다. 기본적인 운영 방침은 분기마다 스타트업 한 곳에 투자해야 하고, 투자 다오의 토큰 발행량은 1만 개로 제한한다는 것이었다. 그리고 투자에서 발생한 수익은 수익이 발생한 시점의 분기 말에 투자자의 보유 토큰 수에 비례해 분배한다. 이러한 내용들을 투자 다오 블록체인에 기록하고 수익금 분배 방식을 스마트 계약으로 설정한다.

이제 다오 설립을 알리기 위해 홍길동과 김철수는 투자 다오의 설립을 홈페이지, 크립토 커뮤니티 등에 알린다. 그리고 다오 투자금을 모으는 동시에 구성원을 모집하기 위해 투자 다오 토큰을 1개당 10만 원에 발행한다. 한 사람당 토큰 구매 개수를 특별하게 정하지 않아 1개를 산 사람도 있고 10개를 산 사람도 있다. 토큰 1만 개를 모두 판매해 총 10억 원의 자금을 모으고 DAO 구성원 8000명을 모았다.

이제 자금을 모았으니 유망한 스타트업을 발굴하고 투자할 일이 남았다. 유망한 스타트업을 발굴하기 위해 투자 다오 구성원 중 스타트업 투자 경험이 있는 사람 몇 명을 모아 1차 투자 리스트를 구성한다. 이 리스트 중에서 어떤 스타트업에 투자할지는 투자 다오 구성원들의 투표로 결정한다. 투자 다오에 있는 자금 10억 원 중 1억 원을 투표를 통해 결정한 스타트업에 투자하고, 투자 다오는 스타트업의 지분을 일부 보유하게 된다. 향후 스타트업이 성장하고 주식시장에 상장하면 투자 다오는 투자금을 회수할 수 있게 된다. 투자금 중 수익금은 스마트 계약에 설정한 대로 토큰 지분율에 따라 투자 다오 구성원들에게 분배된다.

DAO의 네 가지 특징

DAO가 토큰을 활용한다는 점, DAO의 의사 결정에 구성원들이 적극 참여한다는 점만 본다면 DAO가 기존 기업과 비슷해 보일 수 있다. DAO와 기존 기업의 가장 큰 차이점은 탈중앙화다.

탈중앙화는 한 주체가 통제하지 않는 구조다. 지금의 시스템을 보면, 국가는 정부기관이, 기업은 대주주와 임원이 통제하고 관리한다. 조직에 미치는 영향력, 성장에 따른 과실, 권한, 권력이 중앙으로 향하는 중앙집중화 구조다. 반면 DAO에서 말하는 탈중앙화는 이 모든 것들이 중앙이 아닌 구성원 전체로 동등하게 분산되는 구조를 말한다.

탈중앙화가 가능한 이유는 DAO가 블록체인을 기반으로 만들어지기 때문이다. 블록체인은 정보와 데이터를 중앙에서 관리하는 구조가 아니다. 데이터가 수많은 컴퓨터에 분산되어 저장되고 오픈소스이므로 누구나 볼 수 있다. 누구나 블록체인 기록을 통해 조직이 어떻게 돌아가는지 확인할 수 있다. 그리고 조직 구성원의 일정 비율 이상 합의가 있어야만 다음 단계로 넘어갈 수 있는 구조이기 때문에 한 주체가 DAO를 통제하는 것은 이론상으로 굉장히 어려운 일이다.

탈중앙화 구조인 DAO는 다음과 같은 세부적인 특징이 있다.

1) DAO는 커뮤니티 특징이 있다

커뮤니티는 공동체, 지역사회를 의미하며 동시에 공통의 관심사, 공통의 목적을 가진 사람들의 모임으로 볼 수 있다. 기업의 설립 목적은 수익이며 기업에 모인 사람들도 경제적 수익을 위해 모였다. 반면 커뮤니티는 내가 좋아하는 문화나 좋아하는 브랜드, 주식투자 정보 등을 얘기하고 함께 즐기기 위해 모이는 조직이다. 또는 봉사 활동이나 환경 보호와 같은 캠페인을 위해 모이는 등 수익 창출이 우선순위가 아닌 경우도 많다. 커뮤니티는 참여나 탈퇴에 강제성이 없다. 자발적으로 참여하고 원할 때 떠날 수 있는 자율성을 지닌 느슨한 연대다.

DAO도 이러한 특성이 있다. DAO는 공통의 목적이나 관심사를 위해 설립된다. 대부분의 DAO는 가입과 탈퇴에 승인 절차가 필요하지 않다. 토큰이 없어도 DAO의 커뮤니케이션 중심이 되는 툴인 '디스코드'에 들어가 DAO의 움직임을 확인할 수 있다. DAO에 적극적으로 참여하고 싶다면 토큰을 구매하면 되고, DAO의 구성원에서 나가고 싶다면 토큰을 팔면 된다.

2) DAO는 민주적이며 분권화됐다

많은 수의 선진국은 민주주의 국가다. 소수의 사람에 의해 국가가 통치되는 것이 아니라 국민의 투표로 국민의 의사가 국가 정치에 반영된다.

주식회사는 주주 민주주의에 가깝다. 주식회사의 주식을 보유한 주주가 회사의 주인이다. 회사가 이익을 창출하면 비용을 제외하고 배당금을 통해 주주에게 이익금을 나눠준다.

이는 DAO의 운영 방식에도 해당한다. DAO의 구성원들은 모두 공평하게 투표권을 가지고 공평하게 DAO에 영향력을 발휘할 수 있다. DAO를 통해 나온 수익도 구성원들이 나눠 갖게 된다.

하지만 아직 완벽하지는 않다. 대부분의 DAO는 구성원들이 보유 토큰 수에 비례해 투표권을 갖는다. DAO 설립 초기에 참여한 DAO 구성원이나 자금력이 많은 사람이 토큰을 많이 보유해 더 많은 투표권을 갖게 된다. 이러한 점에서 DAO는 기존의 주주 중심의 주식회사나 부익부 빈익빈 문제를 낳은 자본주의의 문제점을 해결하지 못한다는 지적도 받는다. DAO는 이 부분을 개선하기 위해 다양한 방식의 투표와 수익 분배를 시도 중이다.

3) DAO는 투명하고 자동화할 수 있다

DAO는 블록체인을 적용한다. DAO의 규칙이나 규정, 운영 방식은 블록체인에 기록되고 특정 행위가 수반되어야 하는 부분은 스마트 계약을 활용한다. 블록체인에 기록된 내용은 수정하거나 삭제하기 어렵고 누구나 확인할 수 있다. 이를 '투명성'이라고 한다. 또한 스마트 계약으로 설정한 조건이 충족되면 자동으로 다음 행위가 수행된다. 예를 들어 'DAO의 자금은 DAO가 수익이 났을 때 구성원들에게 수익금을 나눠주기 위해서만 자금을 인출할 수 있다'는 내용을 스마트 계약으로 설정했다면, DAO의 자금이 설정한 내용 외에 다른 부정한 방식으로 인출되는 것은 아닌지 감시하는 부서나 인력이 필요하지 않다. 누구도 DAO의 수익 분배를 위해서가 아니라 자금을 횡령할 목적으로 DAO의 자금을 몰래 인출하지 못한다.

또 블록체인에 기록된 내용은 누구나 확인할 수 있고 임의로 수정할 수 없다. DAO의 규정과 규칙을 바꾸고 싶을 때는 구성원들의 투표를 통해 승인이 되어야만 수정할 수 있다. 혹시 누군가가 몰래 규정, 규칙을 수정했더라도 구성원들은 수정한 사실을 확인할 수 있다. 규정과 규칙을 입력한 코드를 누구나 볼 수 있기 때문이다.

4) DAO는 다양성을 넓힐 수 있다

DAO는 사회에 다양성을 확대한다. DAO 자체가 다양성을 갖는 건 아니다. 구성하기 쉽고 자유롭게 참여할 수 있으며 느슨한 연대라는 점이 사회에 다양성을 확대할 수 있는 계기가 된다.

지금의 자본주의 사회에서는 경제 활동을 통해 돈을 벌어야만 생활을 유지할 수 있다. 이를 위해 대부분의 사람은 풀타임 직업을 갖기 위해 노력하고 기업에 종속된다. 그 결과 한 가지 직업만 갖게 되고 한 회사에서만 일하게 된다. 직장인은 겸업 금지로 인해 다른 회사에서 수익 활동을 하기 어려우며 회사는 직원이 아닌 주주를 위해 수익 활동을 한다.

하지만 DAO를 통해 경제 활동을 하면 한 가지 직업, 한 회사에서만 일하는 방식을 바꿀 수 있다. DAO 또한 풀타임 직원을 보유할 수도 있지만, DAO 구성원들이 DAO 직원이 아니더라도 DAO 운영을 위해 자신의 능력을 발휘할 수 있다. 또 DAO 운영에 참여하는 구성원들은 DAO로부터 보상을 받을 수 있다. 이는 회사와 근로자 간 갑을관계의 계약과는 다르다. DAO 구성원들은 DAO 토큰을 보유한 DAO의 주주인 동시에 DAO에 참여하고 DAO의 성장에 기여한 만큼 보상을 받는 관계다. DAO 구성원이기 때문에 DAO에서 창출하는 수익도 받을 수 있고 DAO의 중요한 의사 결정에도 참여할 수 있다.

DAO는 가입과 탈퇴가 유연한 덕분에 DAO를 위해 일을 하는 구성원은 여러 DAO에 참여할 수 있다. 예를 들어 컴퓨터 개발 능력을 보유한 DAO 구성원이라면 여러 DAO에 참여해 개발 업무가 필요한 DAO에 비정기적으로 자신의 능력을 발휘하고 보상을 받을 수 있다. 여러 개의 DAO, 즉 여러 개의 직장에 소속될 수 있는 것이다.

DAO의 특징들을 살펴봤지만, 추상적이기에 쉽게 와닿지 않을 수 있다. 또 이러한 특징을 갖는다고 왜 우리가 DAO에 관심을 기울여야 하는지 의구심이 들 수도 있다. 지금의 조직도 큰 불편함은 없는데 말이다. 하지만 지금 변화하는 사회의 모습을 잘 살펴보면 우리는 점차 DAO에 끌릴 수밖에 없다는 사실을 알게 된다. 이에 관해서는 1부에서 그동안 DAO가 진화해온 모습과 한계점을 살펴본 후 2부에서 알아보도록 하겠다.

2장

더 다오부터
콘스티튜션 다오까지

DAO는 최근에 갑자기 등장한 용어가 아니다. 비트코인이 등장한 이후 2013년 9월 댄 라리머가 블록체인 기반의 탈중앙화 거래소 비트셰어스BitShares를 창업했고, 2014년 후반 비트셰어스를 통해 분산자율시스템 기업이라는 의미의 DAC Decentralized Autonomous Company라는 단어가 처음 등장했다.

비트셰어스는 특정 주체나 기관의 신용 없이도 개인이 서로 믿고 거래할 수 있는 탈중앙화된 거래소다. 우리가 흔히 아는 업비트나 빗썸과 같은 중앙화된 가상자산 거래소와 달리 비트셰어스는 DAC이기에 CEO나 이사회 등 거래소를 운영하는 데 있어 중요한 사항을 결정하는 소수의 주체가 없다.

비트셰어스에서 발행한 코인인 BTS를 보유한 사람들이 투표를 통해 특정 101명의 대표자를 선정하고, 이 대표자들이 블록체인을 유지하고 블록체인 네트워크의 개발 방향 등을 변경할 수 있도록 했다. 현재의 대의 민주주의와도 비슷하다고 볼 수 있다.

비트셰어스의 DAC는 처음으로 등장한 DAO의 형태였지만, 댄 라리머는 당시 DAC의 한계점을 느끼고 비트셰어스를 떠났다. 비트셰어스는 처음 기대감을 모았던 것과 달리 일부 이기적인 집단과 부유한 개인이 비트셰어스를 주도하면서 결국 신뢰를 잃었다. 일부 결함도 발견됐다. 하지만 최근 결함을 수정하고 자체 NFT 플랫폼을 출시하는 등 재기를 시도하고 있다.

해킹으로 얼룩진
더 다오

DAC의 등장 이후 DAO가 언급된 건 비탈릭 부테린이 발표한 이더리움 백서에서였다. 비탈릭 부테린은 2013년 이더리움을 제안하고 2015년 7월 이더리움 네트워크 작동을 시작했다. 비탈릭 부테린은 이더리움 백서에서 기존 기업 조직과는 다른 새로운 조직 구성을 위해 이더리움 블록체인을 활용할 수 있을 것이라고 설명했다. 이더리움 백서에 나오는 'DAO' 부분을 보자.

'탈중앙화된 자율조직'의 기본 개념은 특정 집합의 구성원이나 주주가 있는 가상 독립체가 필요한 수만큼의 구성원 동의하에 조직의 자금운용 권한과 코드 변경 권한을 갖는다. 구성원들이 그 조직의 운영 자금을 어떻게 배분할지 공동으로 결정한다. 이는 본질적으로 기업이나 비영리 재단에서 사용하는 법적인 장치를 그대로 따르지만, (DAO는) 집행의 강제를 위해 암호화 블록체인 기술을 사용한다는 점이 차별점이다.

이후 실제 DAO가 처음 만들어진 건 2016년 4월 독일의 스타트업 슬록잇Slock.it이 더 다오The DAO라는 이름의 DAO를 출범하면서부터다. 슬록잇은 독일의 탈중앙화 버전의 에어비앤비다. 더 다오는 회원들에게 더 다오 토큰을 주고 이더리움 약 1150만 개 이상, 당시 기준으로 1억 5000만 달러가량을 모금했다.

하지만 더 다오는 코드 취약점이 있었다. 누구나 더 다오 코드를 볼 수 있어 해커는 이 취약점을 발견하고 공격해 이더리움 약 360만 개, 당시 기준 5000만 달러 상당의 이더리움을 탈취했다.

더 다오의 해킹 손실을 무마하기 위해 이더리움 개발자들은 이더리움의 하드포크를 실행했지만 더 다오는 결국 해체됐다. 사람들은 더 다오의 해킹 사고를 보고 해커가 코드를 변경하지 않고 취약점 공격만으로도 DAO에서 쉽게 자금을 탈취할 수 있다는 사실을 알게 되면서 DAO에 관해 실망했다. 떨어진 신뢰는 단기간 내에 회복하지 못했다.

DAO 모습을 가장 잘 만들어가고 있는
메이커 다오

우리가 지금 생각하는 DAO의 모습을 갖추고 있으며 탈중앙화 자율조직을 만들기 위해 가장 오랫동안 노력해온 곳이 메이커 다오 Maker DAO다. 메이커 다오는 탈중앙화 금융 서비스 '메이커 프로토콜' 을 운영하는 오픈 소스 프로젝트이자 탈중앙화 조직이다. 메이커 다오를 이해하기 위해 메이커 프로토콜을 먼저 살펴보자.

메이커 프로토콜은 대출자가 암호화폐를 담보로 맡기고 스테이블 코인인 다이DAI를 대출받는 디파이DeFi, Decentralized Finance 서비스다. 다이의 가치는 1달러를 추종하도록 설계했다. 대부분의 암호화폐 가치가 변동 폭이 크다는 단점을 보완하기 위해서다.

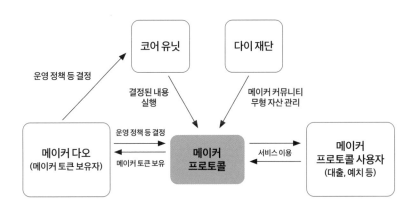

메이커 다오 및 메이커 프로토콜 구조

메이커 다오를 개발한 메이커 다오팀은 메이커 프로토콜을 운영하고 개선하는 데 특정 주체나 기업, 기관의 영향을 최소화하기 위해 탈중앙화 조직을 만들었고, 이 조직이 메이커 다오다.

메이커 프로토콜은 거버넌스 토큰인 메이커토큰MKR을 발행하고, 메이커토큰을 보유한 사람들이 메이커 프로토콜을 관리한다. 즉, 메이커토큰 보유자들의 집단이 메이커 다오인 것이다. 메이커 다오는 다이의 안정성, 투명성, 효율성을 위해 메이커 프로토콜과 다이의 금융 리스크를 관리한다. 의사 결정이 필요할 때는 메이커 다오의 구성원들의 투표를 진행한다.

구체적으로 △메이커 프로토콜에 담보를 받을 암호화폐의 종류 △담보 자산에 관한 대출 비율 △다이 예치 보상 비율 △시스템 업그레이드 등에 관해 투표를 진행하고 메이커 프로토콜의 운영 방향이 결정된다. 또한 메이커 프로토콜을 위한 새로운 제안도 투표를 통해 승인 여부가 결정된다.

메이커 다오는 2023년 4월 기준 완전한 DAO의 형태를 띄고 있지만, 처음부터 DAO로 출발한 것은 아니다. 메이커 다오는 탈중앙화된 자율조직으로 2014년 출범했으며 다이의 초기 프로토타입은 2015년 3월에 발표되고 2017년 12월에 메이커 다오 공식 백서가 출시됐다.

메이커 다오의 탈중앙화 거버넌스를 위해 거버넌스 토큰인 메이커토큰을 발행했지만, 여전히 중앙에서 메이커 다오를 관리해줄 주체가 필요하기에 메이커 재단과 다이 재단이 있었다. 메이커 재단은 여러 외부 파트너와 협력하고 메이커 토큰 보유자 조직인 메이커 다오 커뮤니티와의 소통을 담당했다. 또 다이 재단은 메이커 커뮤니티의 상표, 코드 저작권 등의 무형 자산을 관리하기 위해 설립되었으며, 메이커 재단과 별개로 독립적으로 운영된다.

메이커 다오가 어느 정도 자리 잡자 2021년 메이커 재단은 해체되었다. 이후 메이커 프로토콜은 CEO, 임원진, 경영진 없이 운영되는 블록체인 서비스가 됐다. 대신 코어 유닛Core Units을 구성해 메이커 다오에서 결정된 부분을 수행하는 조력자의 역할을 하고 있다.

콘스티튜션 다오,
DAO를 대중에게 알리다

그동안 DAO는 크립토 시장에 관심 있는 사람들만 주로 알던 용어, 조직의 형태였다. 그러던 DAO가 대중적으로 알려진 계기가 바로 콘스티튜션 다오Constitution DAO다.

콘스티튜션 다오는 2021년 11월 19일 소더비 경매에 올라오는 미국 헌법 초판 인쇄본을 구매하는 것을 목표로 한 DAO였다. 헌법 초판본을 구매해 대중들이 언제든 볼 수 있도록 전시하고, 헌법 문서를 기반으로 한 NFT를 만들어 판매해 수익은 DAO 구성원들에게 분배할 계획을 세웠다.

콘스티튜션 다오의 모금은 순조롭게 진행됐다. 모금을 시작한 지 7일 만에 1만 7437명의 참여자들로부터 967개의 이더리움을 모금했다. 이는 당시 시세로 약 4000만 달러 이상이다. 모금액의 중간 값은 206달러였다.

하지만 콘스티튜션 다오는 미국 헌법 초판본을 낙찰받지 못했다. 최종 낙찰가는 4320만 달러로 헤지펀드 시타델을 설립한 켄 그리핀이 낙찰받았다.

목표를 달성하지 못한 콘스티튜션 다오는 해산 절차를 밟았다. 콘스티튜션 다오 구성원들로부터 이더리움을 받을 때 콘스티튜션 다오는 DAO의 거버넌스 토큰인 피플People 토큰을 구성원들에게 나눠줬다. DAO 해산을 위해 콘스티튜션 다오는 분배했던 피플 토큰을 구성원들로부터 다시 받아 소각하고 이에 해당하는 이더리움을 환불해줬다.

그런데 환불 과정에서 재미난 일이 발생했다. 피플 토큰의 가치는 처음엔 약 0.004달러 수준이었지만, 콘스티튜션 다오가 대중에게 알려지면서 피플 토큰의 가치는 2021년 12월 0.17달러까지 올랐다. 토큰의 가치가 급등한 것이다. 게다가 피플 토큰을 환불받을 때 피플 토큰 보유자들은 이더리움 네트워크 수수료인 가스비Gas Fee를 내야 해 일부는 환불받기를 꺼려했다. 수수료 비용을 고려하면 환불받는 것이 손해이기 때문이다. 환불을 받는 대신 가치가 오른 피플 토큰을 시장에 매도하면 더 높은 수익을 얻을 수 있었다. 암호화폐 거래소인 오케이엑스OKEx가 피플 토큰을 상장해 피플 토큰을 쉽게 매매할 수 있는 환경도 갖춰졌다. 이에 콘스티튜션 다오 구성원들 중에서는 피플 토큰을 환불받지 않고 기념으로, 또는 향후 매도하기 위해 보유하는 경우도 생겼다.

비록 콘스티튜션 다오가 목표를 달성하지는 못했지만, 크립토 시장에서는 의미 있는 시도로 남게 됐다. 콘스티튜션 다오는 크립토에 관심 없던 사람들도 DAO를 인지하고 DAO가 어떻게 결성되고 움직이는지 알게 되는 사례가 됐다.

이에 힘입어 2022년 초 한국에서도 유사한 움직임이 일어났다. 2022년 1월 27일 간송미술관이 소장한 국보 72호 '계미명금동삼존불입상'과 국보 73호 '금동삼존불감'을 경매하는데, '국보 다오'가 경매에 참여했다. 국보는 시민들 스스로 주체가 되어 문화재의 가치를 공유하자는 취지로, 간송미술관이 경매로 내놓은 국보 2점을 구매하는 것이 목표였다. 이에 필요한 목표 금액은 약 100억 원이었지만, 24억 원 정도만 모금돼 결국 경매에 참여하지 못했다. DAO에 관한 홍보와 대중적 인식이 부족했으며 국내에서는 토큰 발행을 할 수 없는 규제 이슈도 있었다.

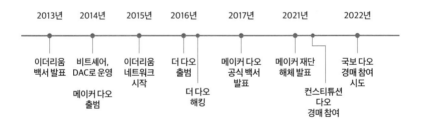

DAO 타임라인

3장

디파이, NFT 그리고 DAO

DAO가 주목받기 전 크립토 시장에서는 디파이와 NFT가 관심을 받았다. 투자 목적과 함께 여러 플랫폼과 서비스들이 실질적으로 등장한 덕분이다. 하지만 이들 플랫폼과 서비스는 블록체인 기술을 활용했음에도 '탈중앙화' 정신을 그대로 이어가지 못하는 경우가 많았다. 어떤 한 기업이 개발하고 운영하는 구조기 때문이다.

이에 디파이와 NFT를 탈중앙적이면서도 조직적으로 만들어줄 수 있는 DAO가 떠오르고 있다. DAO가 어떻게 디파이와 NFT에 스며들 수 있는지 그 연결고리를 살펴본다.

크립토 시장에서 DAO보다 먼저 주목받은 것이 디파이다. 디파이는 탈중앙화된 금융 서비스인 Decentralized Finance의 약자다.

디파이는 우리가 기존에 사용하던 금융 서비스인 예치, 대출, 환전, 투자 등의 서비스에도 적용할 수 있다.

기존 금융 서비스와 디파이의 차이점이 있다면, 기존 금융 서비스들은 특정 기관이나 기업에서 만들고 이들이 서비스 방향을 결정한다. 사용자들은 이들이 결정하고 만든 서비스에 따라 사용할 수밖에 없다. 은행의 예금·대출 금리와 금융 상품이 만들어지는 과정을 간단하게 보면, 한국은행에서 정하는 기준금리와 금융위원회에서 만든 금융 정책을 기반으로 은행들은 금융 소비자에게 제공하는 예금·대출 금리를 최종 결정하고 금융 상품의 구체적인 내용을 정한다. 소비자들은 이에 따를 수밖에 없다.

반면 디파이는 기존 금융 서비스보다는 특정 기관이나 기업의 영향력이 줄어들고 여러 사람의 의견을 모아 서비스의 방향을 결정한다. 아직은 완전한 탈중앙화 결정 구조를 가진 디파이는 거의 없긴 하다. 앞에서 살펴본 메이커 다오 정도가 진정한 디파이를 구현하고 있다고 볼 수 있다. 메이커 다오는 금융당국, 은행이 하던 역할을 DAO 구성원들의 투표로 결정한다.

DAO가 디파이에 힘을 실어준다

기존 금융 서비스와 디파이의 차이점을 가장 잘 살펴볼 수 있는 것이 중앙화 암호화폐 거래소 시스템과 탈중앙화 거래소 시스템이다. 대표적인 중앙화 거래소인 업비트와 탈중앙화 거래소인 유니스왑Uniswap을 보자.

업비트는 가상자산을 거래하는 거래소지만, 디파이라고 부르지 않는다. 업비트를 개발한 두나무가 업비트 서비스의 모든 것을 관리하고 결정하기 때문이다. 업비트의 이용 방식, 수수료, 거래소에서 거래할 암호화폐, 거래소가 유동성을 유지하는 방식, 암호화폐 가격 결정 방식, 사용자 이용약관 등은 모두 두나무의 결정에 달려 있다. 물론 사용자의 의견도 중요하기에 사용자가 원하는 방향으로 서비스를 개선해나가지만, 최종적인 판단은 두나무가 한다.

또한 업비트에 가입하면 사용자의 아이디와 비밀번호 등은 두나무가 관리하고 두나무로부터 허가를 받지 못한 사용자는 업비트를 이용할 수 없다. 물론 두나무가 사용자의 신용이나 신분 등을 평가하는 것이 아니라 국내 규제에 따라 신원확인이 된 사람은 누구나 사용할 수 있도록 하지만 말이다. 사용자들이 업비트를 이용하는 데 있어 발생할 위험을 최소화하기 위해 두나무는 여러 위험 방지 시스템을 적용하고 두나무의 과오로 발생한 문제에 관해서는 두나무가 책임을 지게 된다.

반면, 유니스왑은 유니스왑랩스에서 개발했지만 유니스왑랩스의 영향력은 최소화하고 DAO의 권한을 높이는 방향으로 설계하고 있다. 처음 유니스왑의 암호화폐 가격 결정방식, 수수료, 이용방식 등은 유니스왑랩스에서 설계했지만 이후 개선해야 할 방향이나 새로운 제안은 유니스왑 다오Uniswap DAO의 투표를 통해 진행된다. 유니스왑은 거버넌스 토큰인 유니UNI 토큰을 발행했으며 유니스왑 토큰 보유자들이 유니스왑 커뮤니티, 즉 유니스왑 다오의 구성원이 되고 투표권을 갖는다. 또한 유니스왑을 사용하기 위해서는 누구의 허가나 특정 승인 절차가 없더라도 어떤 암호화폐든 거래할 수 있다. 유니스왑 유동성 풀에 있는 토큰은 모두 거래할 수 있는 것이다. 이처럼 유니스왑 서비스를 특정 집단이 좌지우지할 수 없고 유니스왑을 사용하는 데 특정 허가가 필요하지 않은 금융 서비스를 디파이라고 한다.

이러한 디파이 서비스의 거버넌스가 더 정교해지고 확대되기 위해서는 DAO가 필수적이다. DAO로 정의되는 조직의 탈중앙화 정도는 정해지지 않았지만, 금융 서비스의 정책 방향이 여러 다양한 주체로 분산되기 위해서는 전통 기업의 중앙화된 특정 주체가 아닌 새로운 조직이 필요하기 때문이다. 이에 '탈중앙화'로 자율적으로 운영되는 금융 서비스는 자연스럽게 DAO로 흘러갈 수밖에 없다.

유니스왑의 목적은 특정 집단에 의해 지배받지 않는 탈중앙화된 금융 서비스를 만드는 것이다. 이를 위해서는 유니스왑 다오에 구성원을 끌어들여야 하고, 지속 가능한 조직이 되기 위해서는 구성원들이 계속 조직에 남아서 적극적으로 활동할 수 있는 동기를 부여해야 한다. 대부분의 DAO는 거버넌스 토큰을 동기 부여를 위해 활용한다.

거버넌스 토큰을 보유하고 있으면 유니스왑 서비스를 통해 얻은 수익에서 일정 부분을 주식의 배당금처럼 분배받을 수 있다. 또

DAO의 인기가 높아지면 구성원으로 참여하려는 사람도 늘어나 토큰 가격도 오른다. 이렇게 토큰을 활용한 재정적인 인센티브와 서비스에 관한 오너십은 DAO 구성원들이 유니스왑에 더욱 적극적으로 참여하도록 만든다. DAO에 관한 많은 구성원의 관심은 DAO의 거버넌스 토큰 가치를 더 높일 수도 있다.

NFT의 핵심은 커뮤니티

2021년은 NFT의 해라고 말해도 과언이 아니었다. NFT 가격이 급등하면서 크립토에 관심이 없던 일반 사람들도 NFT 구매에 관심을 보였고 창작자와 기업들도 NFT 발행에 열을 올렸다. 그러한 과정에서 NFT를 매개로 한 커뮤니티도 눈길을 끌었다. 프로필 이미지의 NFT인 PFP^{Profile Picture} NFT를 보유한 사람들을 위한, 또는 아티스트가 창작한 NFT를 보유한 사람들을 위한 커뮤니티가 만들어졌다. NFT를 매개로 사람들이 모이면서 NFT가 일종의 멤버십 역할을 했다.

NFT 커뮤니티로 성장하면 그 커뮤니티의 방향성엔 NFT 보유자들의 의견이 많은 영향을 미친다. NFT 보유자들이 원하는 방향과 다른 방향으로 커뮤니티가 흘러간다면 NFT 보유자들은 결국 NFT를 팔고 커뮤니티를 떠나게 되기 때문이다. NFT 보유자들이 떠난 커뮤니티는 인기가 떨어지고 NFT 가치도 하락하게 된다.

NFT 보유자들의 의견이 반영된다는 점에서 NFT 커뮤니티도 점차 DAO의 성격을 띠게 된다. NFT를 발행할 때부터 DAO를 염두에 두고 NFT를 발행하는 프로젝트들도 있다.

비주기적으로 소수의 NFT를 발행하는 프로젝트는 DAO로 이어지지는 않지만, 1만 개를 발행하는 PFP NFT 프로젝트의 대부분은 DAO의 성격을 갖는다. PFP는 크립토펑크나 '지루한 원숭이들의 요트클럽'이라는 콘셉트를 지닌 BAYC^{The Bored Apes Yacht Club} NFT 프로젝트처럼 프로필로 대체할 수 있는 유사한 이미지 NFT를 수천 개 또는 수만 개 발행하는 프로젝트다. 이 프로젝트는 NFT 보유자들을 위한 다양한 혜택과 이벤트를 제공하고 보유자들끼리 특별한 연대감을 형성해 멤버십처럼 운영되고 있다. NFT가 일종의 멤버십 회원권인 셈이다.

또 1개 이상의 NFT를 공동 소유하는 방식의 DAO도 있다. 보통 높은 퀄리티를 지니거나 희소성이 있는 NFT는 가격이 수억 원이다. 개인 한 명이 이를 감당하기는 부담이 크다. 이에 여러 사람이 자금을 모아 하나의 NFT를 구매하고 이를 공동 소유하는 방식이다.

NFT를 공동 소유하기로 한 커뮤니티가 만들어진다면, 커뮤니티 안에서는 NFT를 하나만 구매할지 아니면 조금 더 자금을 모아 이후에 또 다른 NFT를 구매할지, 또는 구매한 NFT를 어떻게 활용하고 언제 매도할지 등 다양한 의사 결정이 필요하다. 이 모든 것을 특정 한 사람이 위임받아 결정할 수도 있지만, 커뮤니티 구성원들의 의견을 모두 모아서 결정하고자 할 때 커뮤니티의 권한은 탈중앙화되는 것이다. 이 또한 DAO의 모습이다.

이러한 구조를 갖는 DAO는 이미 여러 개 있으며, 대표적으로 디지털 아트 NFT를 매수하는 플리저 다오Pleasr DAO가 있다. 플리저 다오는 구성원들이 구매한 모든 NFT의 비용과 소유권을 나눠서 갖는다.

결국 NFT를 멤버십 회원권처럼 활용하는 커뮤니티나 NFT 공동 소유를 위해 만들어지는 조직이 블록체인 정신에 따라 탈중앙화되기 위해서는 DAO와 같은 조직 방식으로 구현될 수밖에 없다. 이러한 DAO의 정신은 분권화와 탈중앙화에 매력을 느낀 사람들에게 더욱 매력적으로 다가와 NFT를 매개로 한 커뮤니티를 더욱 확대하는 역할을 한다. 이후에 다시 알아보겠지만 DAO를 구성하는 여러 요소들은 NFT 커뮤니티를 더욱 정교하게 만든다.

4장

탈중앙화는 실현 가능할까?

지금까지 DAO의 장점에 관해서만 주로 짚어봤다. DAO에도 단점은 분명 있다. DAO가 현재 조직의 문제점을 완벽하게 해결해줄 수 있는 건 아니다.

기존 조직 시스템보다 권력과 권한을 좀더 분산하고자 노력하고, 인간의 욕심과 실수를 방지하기 위해 조직 운영과 절차들을 컴퓨터 코딩으로 자동화하며, 구성원들이 타의가 아닌 자의로 조직 활동을 하도록 유도하는 또 하나의 조직 형태다. 아직은 DAO가 초기 단계이기 때문에 DAO의 장점이 완전하게 드러나지 않는 경우가 대다수다. 이에 실망하고 DAO를 떠나는 사람도 있다. DAO의 한계점과 현재 부족한 점을 이번 장에서 살펴보고자 한다.

탈중앙화는 효율성이 떨어진다

권한과 권력이 소수에게 너무 집중되는 건 위험하다. 권력 오남용의 우려가 있는 것은 물론 모든 사람은 선하지 않고 항상 모두를 위한 결정을 하지는 않기 때문이다. 그래서 우리는 권한과 권력을 소수가 아닌 다수에게 분산하기 위해 독재, 과두체제가 아닌 민주주의를 택했다. 그리고 민주주의를 조금 더 효율적인 방식으로 운영하기 위해 대표자를 선출하는 대의 민주주의를 적용하고 있다.

하지만 현재 대의 민주주의를 통해 분산된 권한과 권력을 더 분산하기 위해 '탈중앙화' 정신이 떠오르고 있다. 탈중앙화의 정신을 실행해줄 수단이 DAO다. 그렇다면 DAO를 적용하기 전에 '탈중앙화가 과연 지금보다 더 나은 선택인지'를 먼저 생각해봐야 할 문제다.

탈중앙화가 그다지 좋은 운영 방식이 아니라면 DAO가 새롭게 등장했다고 하더라도 굳이 현재의 방식을 탈중앙화 정신에 맞게 바꿀 필요는 없다.

대부분의 DAO는 투표를 통해 구성원들의 의견을 모아 의사 결정을 한다. 투표에 참여하지 않는 구성원도 있겠지만, 이론적으로는 모든 구성원의 의견을 반영한다. 그렇기 때문에 조직 내에서 소외되는 사람 없이 공정하게 모든 사람의 의사가 반영되는 것처럼 보인다.

하지만 이러한 방식은 효율적이지 않다. DAO가 공동의 목적과 목표를 가진 사람들이 모인 조직이라고는 하지만, 그 목적과 목표를 달성하는 구체적인 방법, 그리고 조직이 운영되는 방식에 관해서는 각자 생각이 다르다. 목적을 이루고자 하는 이유도 다를 것이다. 이렇게 생각이 다른 사람들의 의견을 하나로 모으기 위해서는 끊임없는 설득이 필요하다.

예를 들어 세계에서 가장 유명한 NFT인 BAYC 개발사 유가랩스가 발행한 에이프코인ApeCoin의 DAO는 중요한 블록체인 네트워크 변경 사항에 관해 DAO 구성원들의 의견이 갈려 진행하지 못한 적이 있다. 유가랩스는 BAYC 생태계를 메타버스로 확장하기 위해 에이프코인뿐 아니라 NFT 아이템, 토지 등을 발행하기 시작했다. 이 과정에서 이더리움 블록체인 네트워크를 활용하다 보니 BAYC 팬들은 총 1억 8000만 달러 규모의 가스비를 지불해야 했다. 이에 유가랩스는 사용자들이 지불해야 하는 가스비를 줄이기 위해 블록체인 네트워크를 이더리움에서 유가랩스가 자체 개발하는 블록체인

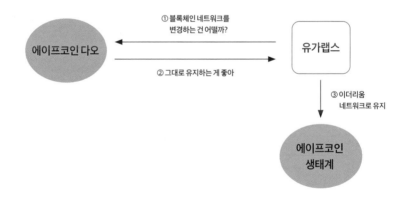

에이프코인 다오의 의사 결정 과정

으로 변경하고자 했다. 하지만 에이프코인 다오^{ApeCoin DAO} 구성원의 절반은 이에 동의하지 않았다. 새로운 블록체인을 개발하는 것보다 이더리움을 계속 사용하는 것이 새로운 사용자가 유입하기에 용이하기 때문이다. 이더리움은 블록체인 중 가장 많이 사용되기 때문에 현재 크립토 시장에서는 가상화폐 이더리움이 기축통화처럼 활용되기도 한다. 에이프코인과 BAYC NFT가 이더리움 네트워크에 남아 있으면 새로운 사용자들은 이더리움만 있으면 언제든 쉽게 BAYC 생태계 내에 있는 NFT를 구매할 수 있지만 자체 네트워크로 전환을 하면 에이프코인으로만 NFT를 구매할 수 있다. 신규 사용자 입장에서는 이더리움에서 에이프코인으로 전환하는 과정을 한 번 더 거쳐야 해서 번거로워진다.

결국 유가랩스의 제안에 구성원의 53%가 반대해 블록체인 네트워크 전환에 실패했다. 이와 같은 사례는 유가랩스가 BAYC와 에이프코인을 만들었지만 개발사가 마음대로 프로젝트를 변경할 수 없다는 걸 보여준다. 프로젝트에 관한 운영 권한은 개발사보다는 DAO 구성원들에게 있다.

장기간 지속적인 생태계 확장을 위해서 이더리움에 남아 있는 것이 유리한지, 자체 블록체인을 구축하는 것이 좋은지는 명확하게 판단하기 어렵다. 자체 블록체인을 구축하면 초반에는 신규 사용자가 유입되는 데 시간이 걸릴 수 있지만, BAYC 생태계가 성장할수록 낮은 수수료로 인해 NFT 거래가 더욱 활발해질 수 있다. 이는 에이프코인 다오 구성원들이 BAYC 생태계의 성장 기간을 어느 정도로 보느냐에 따라 갈린다. BAYC 생태계를 빠른 시간 내에 성장시켜 NFT를 팔고 단기 수익을 내고자 한다면 이더리움에 남아 있는 것이 더 유리하고, 조금 더 장기간 천천히 성장시키고자 한다면 자체 체인 구축을 선택했을 수도 있다. 이렇게 한 DAO 내에 있고 성장이라는 공통적인 목표를 갖고 있더라도 구체적인 방향성에 관해서는 서로 생각이 다를 수 있다. 이번 유가랩스의 제안은 DAO 구성원의 53%를 설득하지 못했던 것이다.

DAO 내에서 빠른 결정이 필요할 때 DAO의 낮은 효율성에 관한 단점은 더욱 극명하게 드러난다. 앞서 살펴본 더 다오의 해킹 사태를 다시 생각해보자. 더 다오의 이더리움을 탈취한 해커는 사실 불법적인 해킹을 했다기보다는 코드의 취약점을 악용한 것이다. 당시 DAO 구성원들은 해커가 더 다오의 취약점을 발견했다는 사실을 알게 됐다. 해커가 자금을 탈취하는 걸 막기 위해서는 더 다오의 코드를 변경하는 것이 시급했다. 만약 책임자가 있는 기업이었다면 피해를 최소화하기 위해 전문 책임자의 빠른 결정으로 코드를 변경했을 것이다.

하지만 더 다오에서는 코드 변경을 위해 구성원들의 합의가 필요하다. DAO에 코드 변경 제안을 올리고 투표를 진행하고 결정이 이뤄지기까지는 적지 않은 시간이 소요된다. 결국 더 다오 구성원들은 코드를 변경하지 못하고 해커가 자금을 빼가는 걸 지켜볼 수밖에 없었다. 이렇게 신속한 의사 결정이 필요할 때 DAO의 의사 결정 구조는 굉장히 비효율적이다. 이 사례처럼 일부 사례를 제외하고는 DAO의 의사 결정 방식이 비효율적이더라도 크게 문제가 되지 않는 경우도 많다. 또 대부분 DAO는 과반수 찬성 투표를 통해 의사를 결정하기 때문에 굳이 모든 사람을 설득하지 않아도 된다.

하지만 만약 자신의 생각대로 DAO가 운영되지 않는다고 생각한 구성원이 있다면, 이들은 DAO의 투표권인 토큰을 팔고 쉽게 DAO를 떠날 수 있다. DAO가 누구나 쉽게 들어오고 쉽게 나갈 수 있는 자율성이 있다는 건 장점이지만, 때로는 단점이 되기도 한다. 너무 빈번한 구성원 교체는 DAO가 장기 목표를 갖고 일관성 있게 운영되기 어려워지는 리스크가 되기도 한다.

또는 토큰을 매도하고 DAO를 떠나는 데서 그치지 않고 유사한 DAO를 새로 구성하는 경우도 있다. 블록체인의 장점 중 하나는 오픈 소스로 누구나 코드를 쉽게 확인할 수 있다는 점이다. 코드를 쉽게 볼 수 있다는 건 개발자들이 코드를 쉽게 복제하고 자신이 원하는 기능만 조금 수정해 새로운 소프트웨어를 만들 수 있다는 의미다. 코드로 구현된 DAO도 마찬가지다.

'A 다오'에 관한 전반적인 부분은 만족하지만 과반수 투표가 마음에 들지 않는다면, A 다오의 대부분의 것은 그대로 활용하면서 투표 부분만 변경해서 A′ 다오를 만들 수 있다. 이를 하드포크라고 한다. 이러한 하드포크는 기능을 조금씩 추가하면서 새로운 블록체인 서비스나 플랫폼을 쉽게 만들 수 있다는 장점은 있지만 무분별하게 서비스들이 등장한다는 단점도 있다.

실제로 비트코인과 이더리움은 의견 불합치로 인해 하드포크가 일어났다. 비트코인은 비트코인 캐시, 비트코인 SV, 비트코인 골드 등으로, 이더리움은 이더리움 클래식 등으로 분열됐다. 비트코인과 이더리움은 기존 사용자들이 워낙 많아 하드포크가 일어났어도 기존 비트코인과 이더리움이 주도하고 있지만 이보다 규모가 작은 DAO는 빈번한 하드포크가 일어난다면 결국 본래의 목적을 달성하지 못하고 해체되는 일도 발생할 수 있다.

이처럼 다수의 의견 반영과 높은 자율성은 오히려 조직이 오랫동안 꾸준하게 성장하는 데 독으로 작용할 수도 있다. 독재와 과두 체제에서 벗어나 민주주의로 변화할 때 왜 모든 사회 구성원이 모든 이슈에 관해서 직접 참여하는 대신 대표자를 선발하는 대의 민주주의를 선택했는지는 생각해봐야 할 문제다.

탈중앙화의 비효율성 비용보다 권력과 권한 분산의 편익이 더 크다면 탈중앙화의 방향으로 가는 조직이 더 적합하겠지만 항상 탈중앙화가 정답이 아닐 수 있다.

다수의 의견이 정답은 아니다

DAO는 투표를 통한 다수의 선택에 의해 무언가가 결정된다. 다수의 의견이 반영되기 때문에 좋은 선택이라고 생각할 수 있지만, 다수가 찬성한다고 해서 항상 정의롭고 공정하고 옳은 결정은 아니다.

이는 아주 오래전부터 민주주의의 단점으로 지적받아왔던 중우정치로 이어질 수 있다. 중우정치란 다수의 어리석은 민중이 이끄는 정치를 말한다. 플라톤은 아테네의 몰락 원인을 중우정치라고 생각했다. 중우정치는 대중으로부터 인기를 얻을 수 있는 정책에만 집중하게 된다. 전문성이 필요한 부분에서는 이를 부정하며 다수결의 원칙으로만 결정하게 된다. 소크라테스가 재판에서 사형 선고를 받았던 사건이나 히틀러가 권력을 잡았던 것도 다수결에 의해 진행됐던 일들이다. 이러한 역사만 보더라도 다수결이 반드시 좋은 결정으로 이어지지는 않는다는 걸 볼 수 있다.

실제로 스파이스 다오Spice DAO는 영화감독 알레한드로 조도로프스키Alejandro Jodorowsky가 영화화하려다 실패한 《듄Dune》의 미공개 원고 사본을 경매를 통해 구입했다. 책의 기존 예상 가격보다 약 100배 더 높은 300만 달러를 지불했다. 스파이스 다오는 자금을 마련하기 위해 스파이스SPICE 토큰을 발행해 70만 달러를 조달했다. 《듄》의 영화를 제작하기 위해서다. 하지만 스파이스 다오가 놓친 부분이 있었다. 《듄》의 미공개 원고를 소유한다고 해서 《듄》을 영화화할 수 있는 판권을 소유한 것은 아니다. 결국 미공개 원고만 손에 넣고 원래의 목표인 영화화는 하지 못한 것이다.

이는 DAO가 어설픈 의사 결정을 하는 과정을 보여준다. 영화 업계 전문가 한 명에게라도 조언을 얻었다면 이러한 결정을 하지 않았거나 실제 영화 제작을 할 수 있는 지적재산권 구매에 힘을 쏟았을 것이다. 스파이스 다오처럼 소수의 전문가보다는 다수의 집단지성을 더 믿는 경우가 있지만 때로는 소수의 전문가가 내리는 현명한 판단이 필요할 때가 있다. 또 다수결의 원칙은 소수의 권리와 의견이 무시될 수 있기 때문에 공정하거나 공평하게 볼 수 있을지에 관한 의심도 필요하다. 조직 내에서는 다수의 이익을 위한 결정이 필요할 때가 많지만 소수의 권리를 과도하게 침해해서는 안 된다. 하지만 다수결의 원칙에서는 다수의 목소리가 반영되다 보니 소수의 권리는 쉽게 간과하게 될 수 있다.

다수결로 의사 결정을 하면 소수의 의견이 다수의 의견처럼 여겨지는 '다수의 무지', 혹은 '다원적 무지' 현상이 나타날 수 있다. 개인이 자신의 생각이 다른 구성원의 의견과 상반될 것이라고 생각하고 자신의 생각과 다른 의견을 표현할 수 있는 것이다. 예를 들어, 워크숍 장소를 정하는 상황을 가정해보자. A는 산으로 워크숍을 가고 싶었지만 바다로 가고 싶어하는 주변의 분위기를 읽었다. A는 그래서 자신도 바다가 좋다고 말한다. 결국 워크숍 장소는 바다로 결정이 되었지만 A는 자신을 포함한 대부분 사람들이 사실 산으로 가고 싶어했다는 사실을 뒤늦게 알게 된다. 모두가 다른 사람들은 바다로 가고 싶을 것이라고 지레짐작해서 바다로 의견이 모였던 것이다. '남들은 다 그렇게 생각할 것'이라는 지레짐작이 결과를 왜곡하는 일은 생각보다 자주 벌어진다.

중우정치, 다수의 무지 등을 방지하기 위해 DAO 내에 전문가 집단을 두기도 한다. DAO의 규모가 커지면 다양한 분야의 전문가도 자연스럽게 DAO 구성원으로 참여하고 이들을 중심으로 DAO 내 소규모 집단인 전문 길드guild가 구성된다. 이들은 DAO에 기여하는 만큼 보상금을 받기도 한다.

책임 소재가 불분명하다

DAO처럼 누군가가 리더의 역할을 하지 않고 모두가 동등한 권한과 권력을 가진다면 DAO에서 발생한 사건에 관한 책임은 구성원이 공동으로 지게 된다. 공동 책임이 반드시 좋은 것은 아니다. 우리는 지금까지 역사상 공동 책임이 아닌 사회에서 살아왔다. 기업에서 사고가 발생하면 대표가 책임을 지고, 정부기관에서 사고가 발생하면 가장 높은 수장이 책임을 진다. 권한이 많은 만큼 책임도 크며, 사고 방지를 위해 관리하라고 수장에게 많은 권한을 준 것인데 제대로 관리하지 못한 탓이다. 그렇다면 DAO에서 사고가 발생하면 누가 이를 책임지고 수습할까? 만약 빠르게 의사 결정을 내리고 해결해야 하는 일이라면, 일일이 모든 안건에 관해 DAO 구성원들에게 투표로 의견을 묻고 결정할 수 있을까?

앞서 살펴본 더 다오의 사례도 여기에 해당한다. 코드를 수정하기 위해 투표 과정을 거쳐야 하는 비효율적인 단점이 드러났으며 더 다오를 기술적으로 책임지는 사람이 없기 때문에 빠른 조치를 취하지 못했다. 또한 다수의 의견으로 더 다오의 코드를 수정했는데 또 다른 오류가 발견된다면 이는 누구의 책임으로 돌릴 수 있을까? 만약 개발자의 잘못으로 해킹이 발생했을 때는 누구에게 책임을 물을 수 있을까?

탈중앙화 금융 프로토콜인 비지엑스bZx에서 발생한 해킹 사례를 보자. 해커는 비지엑스 사용자들의 자금 5500만 달러를 탈취했다.

해커의 공격은 비지엑스 개발자의 실수로 인해 벌어진 것이다. 비지엑스 사용자들은 개발자에게만 해킹에 관한 소송을 건 것이 아니라 비지엑스 구성원 전체에 책임 있다며 소송을 제기했다. 해킹을 당한 것은 개발자의 잘못인 것은 맞지만, 이러한 일에 대비해 적절하게 안전장치를 마련하지 않았던 DAO 구성원에게도 책임이 있다는 주장이다.

또 2022년 9월엔 비지엑스 프로토콜의 소유권을 넘겨받은 오오키 다오Ooki DAO가 미국 상품선물거래위원회CFTC로부터 민사 소송을 당했다. 불법 디지털 자산 장외거래, 사업 등록 위반 및 고객 확인 미준수 혐의 등 비지엑스를 불법으로 운영했다는 혐의다. 상품선물거래위원회는 DAO를 비(非)법인 단체로 보고 DAO 거버넌스 투표에 참여한 구성원 모두에게 DAO의 불법 행위에 관한 책임이 있다며 법적 조치 대상이라고 주장했다. 이는 규제 기관이 DAO를 제소한 첫 사례다.

DAO에서 결정된 일에 관해 DAO 구성원 모두에게 책임을 묻는 것이 정당한지에 관해서는 여전히 논쟁이 벌어지고 있는 부분이다. 공동의 책임 소재가 옳고 그르냐는 단순하게 내릴 수 있는 결론은 아니다. 어떤 조직이냐에 따라 다르다. 하지만 우리는 지금까지 역사상 공동의 책임 소재가 있는 조직보다는 소수에게 책임 소재가 있는 조직에 익숙하다. 조직과 관련된 어떠한 일이 발생하면 책임자를 먼저 바라보기 마련이다. 이러한 과정에 익숙해져 있기에 구성원이 공동으로 책임지는 DAO라면 DAO에 새롭게 합류하는 구성원들에게 이에 관한 명확한 설명이 필요하다. DAO 구성원으로 참여하려는 사람들도 이 부분은 미리 염두에 둬야 한다.

적극적인 참여가
탈중앙화의 의미를 이어간다

탈중앙화, 분산화 조직이 해결해야 할 부분 중 하나가 구성원들의 적극적인 참여다. 조직의 운영 방향에 관해 자유롭게 제안하고 의사 결정에 참여할 수 있는 권한을 1000명에게 나눠줬다고 하더라도 이 중 10명만 제안을 올리고 투표에 참여한다면 탈중앙화 조직이라는 단어의 의미는 무색해진다.

만약 BAYC NFT 커뮤니티의 활동들이 재미있어 보여서 BAYC NFT를 구입하고 커뮤니티 구성원이 됐다고 가정해보자. BAYC의 개발사인 유가랩스가 만들어주는 행사에는 열심히 참여하더라도 BAYC 커뮤니티가 어떠한 방향으로 흘러가거나 어떤 운영 정책을 만들지에는 관심 없는 홀더들이 많을 수 있다. 이들은 귀찮고 번거롭다는 이유로 커뮤니티와 관련된 투표가 진행되더라도 참여하지 않을 가능성이 높다. 실제로 투표 참여에 관한 DAO 구성원들의 무관심을 악용한 사례도 있었다. 빌드파이낸스 다오Build Finance DAO에서 'Suho.eth'라는 계정을 가진 개인이 토큰 발행 권한을 자신에게 부여하는 제안을 투표로 올렸다. 그 제안은 많은 이들의 무관심 속에서 결국 통과됐다. 결국 빌드파이낸스 다오의 토큰 발행 권한을 움

켜쥔 개인은 추가 토큰을 발행해서 자금을 완전히 통제할 수 있는 권한을 갖게 됐다. 빌드파이낸스 다오의 자금을 통제할 수 있게 된 개인은 결국 빌드파이낸스 다오가 보유하고 있던 자금을 탈취했으며, 빌드파이낸스 다오는 막대한 손실을 입었다. 구성원의 참여가 없는 DAO가 어떻게 되는지를 잘 보여주는 사례.

게임을 하면 토큰을 주는 P2E^{Play to Earn} 게임의 경우에도, 게임을 하고 토큰을 받아서 P2E 커뮤니티의 구성원이 되면 커뮤니티의 의사 결정에 참여할 수 있게 된다. 하지만 이 커뮤니티의 적지 않은 사람들은 P2E 커뮤니티의 구성원으로 활동하는 것보다는 게임 플레이를 통해 토큰을 획득한 후 거래소에 매도해 수익을 낼 목적으로 게임을 하는 경우도 있다. 이들은 커뮤니티가 어떻게 구성되고 흘러가는지에는 관심이 없다. 대표적인 P2E 게임인 엑시인피니티도 이와 같은 일을 겪었다. 엑시인피니티 게임을 즐기면 가상화폐 SLP 토큰을 획득할 수 있고, SLP 토큰은 엑시인피니티 거버넌스 토큰인 AXS 토큰으로 교환할 수 있다. AXS 토큰을 보유하고 있으면 엑시인피니티를 통한 수익을 분배받을 수 있으며 투표에도 참여할 수 있다.

엑시인피니티 게임 구조

엑시인피니티 개발사인 스카이마비스는 엑시인피니티 사용자들이 AXS 토큰도 보유해 게임 성장에 함께하길 바랐다. 하지만 사용자들은 엑시인피니티의 성장에는 큰 관심 없었으며 SLP 토큰을 획득하면 현금화하기 위해 파는 사람들이 더 많았다. SLP 토큰의 가격은 하락하고 흥행 가도를 달리던 엑시인피니티의 인기도 떨어졌다.

유사한 DAO 사례도 있다. NFT 마켓플레이스 라리블Rarible은 거버넌스 토큰을 만들어 라리블 다오Rarible DAO를 구성했다. 라리블 플랫폼 사용자들에게 거버넌스 토큰인 '라리 토큰'을 리워드로 주는 방식이다. 라리 토큰 보유자들은 라리블 플랫폼 운영에 참여할 수 있다. 라리블은 사용자가 곧 플랫폼 운영 권한을 갖도록 해 사용자에게 더 좋은 플랫폼을 만들고자 한 것이다. 하지만 사용자들은 라리 토큰을 획득하고 플랫폼 운영에 참여하는 것이 아니라 매도해 현금화하는 데 집중했다. 라리블 성장보다는 당장의 수익에 더 관심이 높았던 것이다.

여러 사례로 봤듯이 사람들이 탈중앙화 커뮤니티, 조직에 구성원으로 참여하게 됐다고 하더라도 모두가 조직에 관심이 있고 활발하게 활동하는 건 아니다. 하지만 진정한 탈중앙화를 이루기 위해서는 일정 비율 이상 구성원들의 참여를 유도해야 하고 이는 해결하기 쉽지 않은 한계점이 될 수 있다. 요즘은 빌드파이낸스 다오처럼 무관심 속에서 DAO에 해를 끼치는 제안이 통과되는 것을 막기 위해 DAO들은 최소 정족수 기준을 만드는 추세다. DAO 구성원 중 일정 비율 이상이 참여한 투표의 결과만 인정하는 것이다.

5장

아직은 부족한 DAO

DAO의 특징인 탈중앙화에 관한 한계점들을 알아봤다. 한계점이 있으니 DAO에 관한 논의를 접어야 한다는 의미는 아니다. DAO는 한계점을 극복하기 위한 다양한 개선 방법을 찾고 있으며 중앙화 구조와 탈중앙화 구조의 중간 단계의 조직 방식을 찾는 경우도 있다. 모든 조직이 100% 완벽한 탈중앙화일 필요는 없으며 기존 조직 중에서도 탈중앙화의 장점만 적용하는 것도 방법이다.

탈중앙화의 한계점이 있더라도, 탈중앙화로 인한 편익과 가치가 더 높다고 생각돼 DAO를 선택했더라도, DAO는 여전히 갈 길이 멀다. 논의가 본격적으로 시작된 지 겨우 2~3년 정도다. DAO의 아직은 부족한 점들을 살펴보겠다.

여전히 중앙집중적인 DAO

여러 번 언급했듯이 DAO의 강점은 탈중앙화다. 하지만 아이러니하게도 여전히 많은 수의 DAO는 중앙집중적인 구조다. 그렇다고 기존 기업처럼 임원이나 이사회에서 조직의 중요한 안건을 결정하는 것은 아니며, DAO 구성원들로부터 의견을 묻고 투표를 진행한다. 대부분의 DAO가 1토큰 1투표제를 시행하는데, 토큰을 많이 보유한 사람이 더 많은 영향력을 발휘하는 구조다. 이로 인해 많은 수의 토큰을 보유한 고래이거나, DAO 설립 멤버들이 많은 토큰을 보유한 경우 토큰을 많이 가진 소수의 의견이 DAO의 향방을 결정하게 된다. 이는 투표를 진행하고 구성원들의 의견을 모으기는 하나 결국 대주주를 위한 기업과 크게 다를 바가 없는 구조다.

실제로 미국 헌법 초판 인쇄본 경매에 참여했던 콘스티튜션 다오는 DAO 참여자의 상위 1%가 전체 콘스티튜션 다오 자금 규모의 66%를 차지했다. 아무리 모든 구성원의 생각을 묻는다고 하더라도 결국 상위 1%가 콘스티튜션 다오의 향방을 좌지우지할 수 있다는 의미다. 단편적으로 비교하긴 어려울 수 있지만, 미국 자본시장은 미국 상위 1%가 미국 자산의 27%를 보유하고 있는 것과 비교해본다면, DAO가 기존 방식보다 탈중앙적인지는 다시 한번 생각해봐야 할 문제다.

누군가 악의적인 목적을 갖고 다수의 토큰을 보유한다면 DAO는 물론 사회에 피해를 끼칠 수도 있다. 실제로 콘스티튜션 다오의

FAQ에는 '예를 들어 개인이 과반수의 토큰을 구매하고 미국 헌법 초판 인쇄본을 소각하기로 투표하면 어떻게 될까?'라는 질문이 올라왔다. 답변은 '누가 그렇게 악할까? 구성원들이 미국 헌법 인쇄본을 소각하는 걸 지지하지 않을 것이라고 신뢰한다'라는 것이었다. 결국 구성원들이 DAO에 해를 끼치는 악한 행동은 하지 않을 것이라는 믿음에 의지하는 것이다. 소수의 구성원이 DAO를 장악하는 걸 방지하기 위한 규정을 미리 제정하지 않으면 이론적으로는 막을 방법은 없다.

디파이 플랫폼인 유니스왑과 아베Aave도 소수의 고래가 투표 결과에 영향을 미친 사례가 있다. 유니스왑은 V3 버전을 블록체인 네트워크 중 하나인 폴리곤에 배포할지를 두고 투표를 진행했다. 이 투표는 500만 유니UNI 보유자와 250만 유니 보유자가 찬성하면서 통과됐다. 총 투표 토큰 수는 약 780만 유니였다. 해당 투표수의 96%가 두 명에게서 나온 것이다.

아베는 파이어블록스Fireblocks라는 회사를 화이트리스트에 추가하는 것에 관한 투표를 진행했다. 당시 투표에서는 5명의 거버넌스 토큰 보유자들이 전체 투표수의 93%를 차지했다. 결국 전체 DAO 구성원들을 대상으로 투표를 진행했더라도 5명에 의해 투표 결과가 좌지우지된 셈이다.

뉴욕대 스턴경영대학원의 스콧 갤러웨이Scott Galloway 교수 또한 DAO의 권한은 분산화되지 않았고 내부 관계자의 소유권이 여전히 높다고 지적한다. 그는 블록체인 분석기관 메사리Messari와 벤처캐피털리스트 토마스 통구즈Tomas Tunguz의 자료를 인용해 블록체인 초기에 나왔던 프로젝트보다 최근 등장한 프로젝트에서 그러한 모습을 더 많이 볼 수 있다고 비판했다.

가령, 이더리움은 2015년 처음 발행했을 때 프로젝트 내부 관계자의 이더리움 보유 비율은 20% 미만이었으며, 2017년에 등장한 트론TRX은 내부 관계자의 토큰 보유 비율이 26%, 테조스XTZ는 20%였다. 하지만 2020년 이후에 처음 발행된 코인들은 달랐다. 플로우FLOW의 내부 관계자 보유 비율은 60%에 가까우며, 솔라나SOL, 아발란체AVAX 등도 내부 관계자의 보유 비율이 40%를 넘는다.

이러한 비판에 관해 DAO 관계자들은 DAO가 아직 초기 단계이며 구성원이 많아지기 전까지는 조직을 이끌어갈 구심점이 필요하

크립토 프로젝트의 출시 당시 내부자 토큰 소유 비중(참고: 스콧 갤러웨이 블로그)

기 때문이라고 설명하기도 한다. 메이커 다오가 처음에는 재단을 중심으로 운영됐지만, 향후 재단을 없애고 DAO 중심으로 운영되는 것처럼 말이다.

하지만 많은 수의 DAO가 정말 소수의 영향력에서 벗어나 평등한 권한을 가진 구성원들이 DAO를 이끌어가는 모습을 갖출지는 더 지켜봐야 할 것이다.

DAO의 투표 권한이 1토큰 1투표권일 경우에는 자금이 많은 사람이 권한을 더 많이 가져갈 수 있다는 우려를 완전히 해소하지는 못한다. 결국 주주 자본주의와 다를 것이 없다. 그래서 1토큰 1투표권 외에 다른 방식을 실험 중인 DAO들도 많다. 보유한 토큰 수에 비례해 투표 권한이 높아지는 방식이 아닌 '쿼드러틱 보팅Quadratic voting' 방식도 등장했다. 1개의 투표권을 갖기 위해서는 1개의 토큰이 필요한 건 1토큰 1투표권과 같지만, 2개의 투표권을 갖기 위해서는 4개의 토큰이, 3개의 투표권을 갖기 위해서는 8개의 토큰이 필요한 방식이다.

또는 조직 운영에 활발하게 참여하는 사람에게 더 많은 투표 권한을 주거나 많은 토큰을 보유하고 있더라도 1명당 1개의 투표권만 주는 방식도 있다. 어떤 방식이 가장 탈중앙화에 적합한지는 계속 실험 중이다.

법의 사각지대인 DAO

2017년 비트코인과 이더리움을 비롯한 암호화폐 투자가 급속도로 활발해지면서 대중에게 알려진 지 약 5년이 됐지만 암호화폐를 비롯한 크립토 시장은 여전히 법의 사각지대인 부분이 많다. 암호화폐를 증권으로 봐야 할지, 돈의 일종으로 봐야 할지, 상품으로 봐야 할지도 여전히 의견이 분분하기에 DAO 또한 법적으로 어떤 조직으로 규정해야 할지 정해진 바는 없다. DAO를 통해 피해를 보더라도 법적으로 보호를 받기 어려우며, DAO 자체도 다른 기업이나 기관처럼 정부 등록이 어렵기 때문에 법적인 보호를 받기 어렵다.

만약 DAO가 제3자에게 돈을 빌리고, 그 돈을 갚지 못하는 상황이 되면 그 책임은 누구에게 있을까? DAO 구성원들이 돈을 모아 제3자에게 돈을 갚아야 하는 것일까?

우리가 사업을 하기 위해 굳이 복잡한 절차를 거쳐 회사를 설립하는 이유는 회사의 책임과 직원, 투자자에 관한 책임을 분리하기 위해서다. 회사가 위와 같은 상황이라면 회사는 채무를 갚을 능력이 없기에 파산 신청을 하고 회사 직원과 투자자는 채무에 관한 책임을 지지 않는다. 제3자는 빌려준 돈을 받지 못하는 안타까운 상황에 놓이게 되지만 법적으로 직원과 투자자에게 그 책임을 물을 수는 없다. 변제에 관한 책임은 회사에게만 있기 때문이다. 이를 유한책임이라고 한다.

하지만 회사가 아닌 조직이라면, 개인이 돈을 합쳐 만든 조합 형식의 조직이라면 위와 같은 상황에서 조직 구성원들에게 채무의 책임이 전가될 수 있다. 제3자에 관한 부채 책임이 1차적으로 조직에게 있더라도, 조직이 갚을 능력이 되지 않는다면 구성원들이 갚아야 하는 상황이 올 수 있다는 의미다. 조직의 책임과 구성원들의 책임이 법적으로 분리되지 않았기 때문이다. 이를 무한책임이라고 한다.

DAO가 법적으로 기업으로 인정받지 못하게 된다면 DAO에게 제3자가 피해를 입을 경우 최악의 경우 DAO 구성원들에게 책임이 전가될 가능성도 완전히 배제할 수는 없는 일이다.

DAO가 법적으로 모호한 실체이기에 기존 법적 단체와 협력을 하기에도 쉽지 않다. 현재 여러 NFT 프로젝트들이 기존 기업과 협업을 진행하는 모습을 자주 볼 수 있는데 이들은 아직 완전한 DAO 형태가 아니며, NFT 커뮤니티 자체가 기존 기업과 협업하는 것이 아닌 NFT 프로젝트를 만든 기업들이 제3의 기업들과 협업하는 형태다. 예를 들어 BAYC와 아디다스의 협력은 아디다스가 BAYC NFT 커뮤니티 자체와 협업을 한 것이 아니라, BAYC NFT를 만든 유가랩스와 아디다스의 협업, 또는 아디다스가 BAYC NFT #8774를 구매해 협업한 것이다.

또 DAO 구성원들은 전 세계 누구나 참여할 수 있고 DAO가 설립된 물리적인 장소가 없기 때문에 어떤 한 국가의 법률을 적용받는 것 자체가 어렵다. 기업의 경우 본사가 한국에 있고 한국 정부에 등록된 기업이라면 한국법을, 미국에 본사가 있고 미국 주(州)정부에 등록된 기업이라면 해당 주의 법을 따르지만 DAO는 그러한 법을 적용할 수 없다.

사실 중앙의 통제를 받지 않기 위해 탈중앙화 조직의 모습을 띤 DAO이기 때문에 법률적 지위를 부여받거나 법적 테두리 안에서 관리받는다는 것 자체가 모순일 수 있다. 하지만 현재 우리 사회가 법을 기반으로 규정과 규칙을 만들고 이 테두리 안에서 활동하기 때문에 법률적 지위가 없는 DAO가 기존 민간기업처럼 활발하게 활동하는 데는 제한이 있을 수밖에 없다. 또 정부 입장에서는 통제 불가능한 어떠한 조직이 생기고 확산되는 것이 향후 어떤 리스크를 안고 있을지 예측하기 어려워 최대한 보수적으로 DAO를 바라보고 규제하려는 움직임도 있다. 블록체인 기업들이 토큰 발행을 통해 자금을 모집할 때 토큰을 증권으로 판단하고 증권법으로 규제하듯이 말이다.

DAO와 관련한 법이 없다는 건 DAO 구성원들의 최소한의 권리를 지킬 수 없는 일이 발생할 수도 있다는 걸 의미한다. DAO 내부에서 불공정거래가 일어나 DAO 구성원들에게 피해를 입히거나 부당 이득을 취할 수도 있다. 예를 들어 DAO와 관련해 자신만 아는 정보를 기반으로 토큰을 거래하는 경우가 있다면, 이는 전통 주식 시장에서는 내부자 거래로 처벌받는다. 하지만 DAO와 크립토 시장에서는 이와 같은 행위를 규정하는 명확한 제재는 아직 없다. 실제로 2021년 6월과 9월 사이에 NFT 마켓플레이스 오픈시OpenSea 임원이 특정 NFT가 오픈시에서 판매되기 전에 미리 구매해 최대 5배 차익을 챙겼다. 미국 검찰은 해당 임원을 내부자거래 혐의로 기소

했으며 2023년 5월 초 뉴욕 연방법원은 1심에서 해당 임원에게 유죄 판결을 내렸다. 해당 임원 측은 NFT가 증권이나 상품이 아니기 때문에 내부자거래 혐의를 인정할 수 없다고 주장하고 있다.

현재 스마트 계약은 법적 효력이 없기 때문에 DAO 구성원들을 법적으로 지켜주지 못한다. 스마트 계약이 인터넷상에서는 거스를 수 없는 규칙, 규정이지만 현실 세계와 연결되는 부분에서는 얘기가 달라진다. 또 인터넷에 존재하는 DAO와 현실 세계를 연결하는 부분에서도 누군가의 개입이나 중개가 필요하므로 이들을 전적으로 의존할 수밖에 없다. 콘스티튜션 다오의 경우, 구성원들의 의견을 대신할 대리인이 소더비 경매에서 미국 헌법 초판 인쇄본 입찰에 참여했다. 만약 이 대리인이 DAO에서 결정한 가격으로 입찰을 하지 않았다면 법적인 조치를 취할 수 있을까?

아직 DAO가 법적인 부분에서 명확하게 해결되지 않았지만 법률적 지위를 획득한 DAO도 있다. 2021년 6월 미국 와이오밍주에서는 DAO에게 법적으로 유한책임회사LLC의 지위를 부여하는 법안이 통과됐다. 기존 법이 회사와 투자자 및 직원의 책임을 분리했듯이, 와이오밍주의 법도 DAO 조직 자체와 DAO 구성원들에 관한 책임을 분리했다. 이후 더 아메리칸 크립토페드 다오The American Cryptofed DAO와 엘리시아 다오Elysia DAO가 와이오밍주에 법인으로 등록됐다.

DAO를 포함한 웹3.0은
VC의 돈벌이 수단인가

DAO를 포함한 웹3.0 시장은 벤처캐피털들이 높은 수익을 위해 이와 같은 흐름을 부추기고 있다고 보는 시각도 있다. 벤처캐피털이란 저평가된 스타트업에 투자해 스타트업이 성장한 후 높은 가치로 평가받았을 때 지분을 매도해 많은 수익을 보는 투자회사를 말한다. 저평가된 스타트업은 주로 새로운 혁신에 도전한다.

지금의 새로운 혁신은 크립토, 블록체인, DAO를 비롯한 웹3.0 시장이다. 많은 벤처캐피털들이 이 시장에 눈독을 들이고 있으며 가장 앞장선 벤처캐피털이 마크 앤드리슨과 벤 호로위츠가 설립한 앤드리슨 호로위츠a16z다. 이들은 이미 많은 블록체인, 웹3.0 스타트업에 엄청난 자금을 투자했으며 웹3.0이 주목받고 성장하면 성장할수록 앤드리슨 호로위츠도 더 큰 수익을 낼 수 있다.

더군다나 토큰을 발행하는 웹3.0 스타트업들은 기존 웹이나 앱 기반의 웹2.0 스타트업들보다 투자금을 회수하기 쉽다. 웹2.0 스타트업들은 성장한 후 더 큰 기업에게 매각되거나 주식시장에 상장할 때, VC들은 보유하고 있던 스타트업 지분을 매도해 투자금을 회수한다. 스타트업이 매각되거나 상장하기까지는 많은 시간이 걸리며 여러 가지 규제와 법적 절차도 있어 꽤 복잡하다.

하지만 VC가 토큰을 발행하는 스타트업의 토큰에 투자했을 경우, 투자금 회수는 훨씬 간단하다. 토큰을 전 세계 수많은 암호화폐 거래소에 상장한 후 매도하면 된다. 2022년 현재 암호화폐의 거래소 상장은 각국의 증권법의 규제를 받지 않으며 거래소의 자체 기준에 따른다. 그 기준이 굉장히 높은 경우도 있지만 대부분의 거래소는 기준이 높지 않다.

이 때문에 일부 VC들은 스타트업들이 토큰을 발행할 때 일부 토큰 물량을 투자자 몫으로 남겨두라고 요청하기도 한다. IT 분야 저널리스트인 케이시 뉴턴^{Casey Newton}은 다음과 같이 설명했다.

"(투자금 회수 시기까지) 참지 못하는 VC들이 프로젝트를 조작하는 한 가지 방법은, 스타트업들이 그들의 프로젝트 일환으로 토큰을 발행하고 그 토큰의 일정량을 VC 몫으로 요구하는 것이다. 일단 토큰이 암호화폐 거래소에 상장되어 거래되면 VC들은 그들이 예상했던 시기보다 더 빠르게 투자금을 회수할 수 있다. 만약 프로젝트가 다른 기업에 매각되거나 주식시장에 상장하기 전에 망한다고 하더라도 VC들은 (토큰 매도를 통해) 투자에 관한 이익을 얻을 수 있다."

케이시 뉴턴은 BAYC NFT 프로젝트의 에이프코인^{ApeCoin}을 사례로 들었다. BAYC를 개발한 유가랩스는 에이프코인 다오를 위한 에이프코인을 발행했는데, 에이프코인의 발행량 중 약 4분의 1은 BAYC 공동창업자들과 이 프로젝트가 실현될 수 있도록 도와준 기업과 회사를 위한 물량이라고 공식적으로 밝혔다. 여기엔 VC도 포함된다.

이러한 방식은 일반 웹3.0 참여자들이 VC를 비롯한 전문 투자자들을 의심하게 만든다. 토큰이 거래소에 상장하자마자 VC들이 토큰을 매도하고 프로젝트 생태계 확장과 성장엔 관심이 없을 것이라는 의심이다. 이러한 의심을 잠재우기 위해 최근 웹3.0 프로젝트들은 VC에게 토큰을 할당하더라도, 일정 기간 토큰을 매도하지 못하고 보유하도록 보호예수lock-up 기간을 요구하기도 한다.

또 스콧 갤러웨이 교수는 현재 IT 업계 VC들이 DAO를 포함한 웹3.0의 탈중앙화 방식이 기존 기술보다 나은 것처럼 대중을 설득하는 건 기술 산업에서의 고유한 특징이라고 분석했다. 새로운 기술이 기존 기술보다 더 좋은 점을 제공하는 것처럼 대중을 설득하지만 새로운 기술도 결국엔 또 다른 단점을 가져온다는 것이다. 스콧 갤러웨이 교수는 블로그를 통해 다음과 같이 설명했다.

"PC 컴퓨터는 메인프레임 시장에서의 IBM 지배력으로부터 우리를 해방시켜줬지만 마이크로소프트라는 더 큰 통제하에 놓이게 했다. 애플은 1984년에 빅브라더(IBM이라는 거대한 권력)와 싸우는 혁명적인 모습을 보여줬지만 '앱스토어'라는 역사상 가장 창의적인 요금소를 만들었다."

코드가 법이다?

크립토 시장에서는 '코드가 법이다Code is Law'라는 표현이 종종 나온다. 블록체인상에 기록한 알고리즘, 데이터들은 쉽게 변경할 수 없어 '불변성', '불가역성'에 가까운 특징이 있으며, 코드로 설정된 프로세스는 중간에 사람이 개입하지 않더라도 자동으로 실행되기 때문이다. 이러한 장점 덕분에 블록체인을 통해 프로세스를 자동화하면 사람의 실수와 탐욕으로 발생하는 사건, 사고를 방지할 수 있다고 얘기한다.

하지만 이를 뒤집는 사례는 종종 나온다. 디파이 플랫폼 '주노네트워크'의 주노네트워크 다오Juno Network DAO에서는 주노네트워크 다오의 거버넌스 토큰 절반 이상을 보유한 구성원의 크립토 지갑으로부터 토큰을 빼내야 한다는 제안이 올라왔고 투표를 통해 승인됐다. 한 명의 구성원이 투표의 결과에 영향을 미치는 규모의 토큰을 보유하고 있다는 건 DAO가 민주적인 절차를 깨고 소수에 의해 운영될 우려가 있어서다. 또 해당 제안은 과반수의 토큰을 보유하고 있다는 것 자체만으로 DAO 커뮤니티에 두려움을 조성할 수 있고 주노네트워크 다오에서 운영하는 거래소의 유동성을 10분 이내에 소멸할 수 있는 힘을 보유하고 있다고 주장했다. 이미 토큰을 가진 구성원으로부터 토큰을 강제로 회수한다는 건 탈중앙화 정신에 부합하지 않고 좋지 않은 선례를 남길 수 있다는 반대 의견도 있었지만 결국 해당 제안은 승인됐다.

다량의 토큰을 소수가 보유하고 있다는 건 권한과 권력이 소수에 집중될 수 있어 탈중앙화 구조를 해칠 수 있다는 의미이다. 하지만 누군가가 다량의 토큰을 보유하면 안 된다는 규정이 DAO 내에 없는 상황에서, 돈을 지불하고 토큰을 구매하는 알고리즘 또는 토큰을 획득하는 알고리즘에 따라 이미 누군가의 지갑으로 들어간 토큰을 투표를 통해 갑자기 회수한다는 건 '코드는 법'이라는 말을 무색하게 만들기도 한다. 이미 DAO가 설정한 알고리즘을 지키지 않고 되돌린다는 의미이기 때문이다.

크립토 전문매체 디크립트Decrypt에 따르면 다수의 토큰을 보유한 이 구성원은 DAO가 해당 제안을 승인하지 않으면 DAO에 모든 자산을 돌려주겠다고 약속했음에도 불구하고 제안은 통과됐다. 토큰을 다량 보유하는 과정에서 조작 등이 의심된다면 이 부분을 먼저 밝혀내야 했을 것이다.

이미 코드를 통해 진행된 내용을 되돌리는 것은 크립토 시장에서도 많은 논의가 진행되고 있는 부분이다. DAO 생태계를 위협할 것으로 예상되는 일에 관해 기존에 정해진 '코드'를 계속 따를 것인지 아니면 인위적으로 개입해 이를 되돌려야 할 것인지 말이다. 블록체인의 불변성을 강하게 주장하는 측에서는 이미 진행된 상황을 인위적으로 되돌리는 것에 강한 거부감을 표출한다. 더 다오 해킹 사건도 해킹 피해를 수습하기 위해 이더리움 블록체인을 해킹당하기 이전으로 되돌리는 것에 관한 의견이 갈려 이더리움과 이더리움 클래식으로 분열됐던 것이다.

또 블록체인의 장점은 생태계에 참여하는 데 누군가의 승인이나 허가가 필요하지 않은 '자율성', '무허가성permissionlessness', 그리고 제3자로부터의 검열이 없다는 것이다. 누군가의 허가가 없어도 블록체인의 투명성과 불가역성을 통해 부정적인 행위를 지킬 수 있다고 믿기 때문이다. 우리가 은행 서비스를 이용하기 위해서는 은행으로부터 신원 및 신용등급 확인을 받아야 하는 것과 달리 대부분의 블록체인 서비스와 플랫폼에서는 이러한 승인이 필요 없다. 하지만 주노네트워크 다오에서처럼 토큰을 많이 보유하고 있다는 이유로 생태계 참여 거부가 발생하는 일도 블록체인의 자율성과 무허가성에 위배될 수 있다. 유명한 크립토 인플루언서 쿠퍼 툴리Cooper Turley가 과거 부적절한 트윗을 했다는 이유로 FWB 다오Friends With Benefit DAO에서 쫓겨나고 브랜틀리 밀리간Brantley Millegan도 부적절한 트윗으로 ENS재단 이사진에서 쫓겨난 사건도 크립토 시장에 논쟁의 여지를 남겼다.

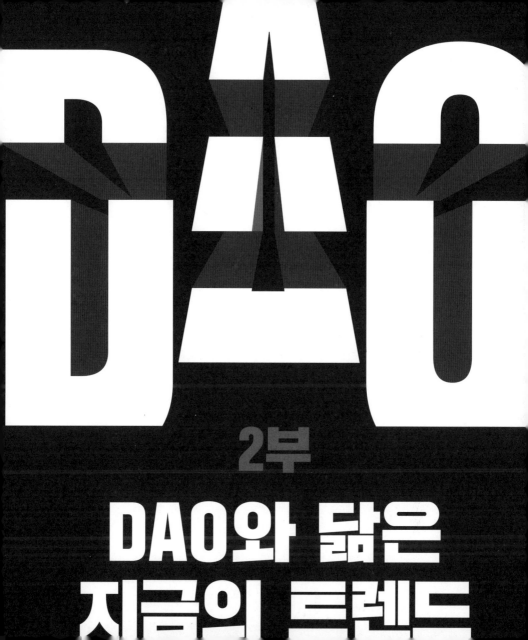

DAO

2부

DAO와 닮은
지금의 트렌드

6장

커뮤니티 시대

2부에서는 DAO의 콘셉트에 가까워지고 있는 현재 우리 사회의 모습과 트렌드를 살펴보고자 한다. 이를 통해 미래 사회가 왜 DAO와 연결될 수밖에 없는지 짐작해볼 수 있을 것이다. 물론 지금의 모든 조직이 DAO로 바뀌지는 않겠지만, 현재 변화하는 사회 모습은 DAO의 모습을 닮았다.

특히 DAO의 네 가지 특징인 커뮤니티, 민주적·분권화, 투명성과 자동화, 다양성 확대를 염두에 두고 현재의 사회 모습과 트렌드를 살펴보자.

커뮤니티 시대에 살고 있는 우리

우리는 알게 모르게 다양한 집단과 커뮤니티에 속해 있다. 가장 작게는 가족부터 시작해서 학교, 회사 등 대부분 사람들이 속하는 조직 외에도 인터넷 커뮤니티, 동호회, 네이버 카페 등 공통의 관심사를 기반으로 한 커뮤니티가 있다. 최근에는 특정 브랜드나 음식 등을 좋아하는 사람들이나 특정 취향을 가진 사람들을 일종의 커뮤니티로 보는 경우도 있다.

물론 어디까지를 커뮤니티라고 볼 수 있을지에 관해서는 의견이 분분하지만, 최근에는 커뮤니티의 범위가 점차 확대되고 있다. 커뮤니티가 사전적으로는 공동체, 지역사회를 뜻하지만, 인터넷의 발전으로 물리적 경계가 사라진 요즘은 공통적인 관심사를 가진 사람들의 모임이나 집단, 또는 어떤 매개체를 통해 서로 연결되는 집단 등도 커뮤니티로 볼 수 있다. 반드시 '당신은 우리 커뮤니티 소속입니다'라고 명시하지 않더라도 공통의 관심사나 목적으로 서로가 연결되어 있다고 느끼면 그것이 바로 커뮤니티다.

과거에는 커뮤니티에 적극적으로 참여하고 구성원으로 인정받아야만 하는 '강한 연대감'을 중요하게 여겼다면, 최근에는 다른 사람의 인증 없이도 내가 스스로 커뮤니티 일원이라고 생각하는 것만으로도 커뮤니티 구성원이 될 수 있는 '느슨한 연대감'을 통해 소속감을 느끼는 경우가 많다. 사람들은 왜 여러 커뮤니티에서 활동하면서 누군가와 연결되고 어딘가에 소속되길 원하는 것일까?

74

나의 개성을 다른 사람과 차별화

커뮤니티는 나를 다른 사람과 차별화하는 역할을 할 수 있다. 아무리 느슨한 형태의 커뮤니티라도 커뮤니티에는 경계가 있다. 사람들이 커뮤니티로 모이는 공통의 관심사나 목표, 취향 등 말이다. 유럽 여행을 좋아하는 사람들이 정보를 주고받는 네이버 카페 커뮤니티라면 '유럽 여행을 좋아하는' 또는 '유럽 여행을 준비하는' 등 일종의 기준과 경계가 있다. 또 민트초코를 좋아하는 사람들이 모인 민초단이라는 카페에 가입이 되어 있지 않더라도 '민트초코를 좋아한다'는 취향을 가지면 스스로 '나는 민초단이야'라고 말한다. 민초단에는 '카페 회원'이라는 명확한 기준은 없어도 '민트초코'라는 경계가 있는 셈이다. 이러한 커뮤니티의 경계와 기준이 그 커뮤니티에 속해 있는 사람들의 개성이나 취향을 나타낸다.

다른 사람과는 차별화된 특징을 갖고 있는 걸 자랑스럽게 드러내고 이 특징을 매개로 친밀감을 형성하는 현상을 지금의 Z세대를 보면 알 수 있다. Z세대는 과거보다 자신의 취향을 더 드러내고 더 세분화된 개성을 가진 세대다. 대학내일20대연구소는 저서《밀레니얼-Z세대 트렌드 2022》(위즈덤하우스, 2021)에서 Z세대는 더 세분화된 목적으로 연대한다'고 분석했다.

사람들은 자신이 어떤 사람인지를 표현하기 위해 공공연하게 또는 은연중에 자신의 개성과 취향을 드러내길 원한다. 자신의 개성과 취향에 더욱 깊숙이 침투하기 위해 다른 사람들과 정보를 주고받길 원하고 공통의 관심사로 얘기하는 걸 좋아한다.

이를 해결해주는 수단이 바로 커뮤니티다. 네이버 카페에서 활동하든, 아니면 개인 SNS에 해시태그를 달고 자신의 취향과 관련된 사진을 올리든, 커뮤니티 활동 하나하나가 자신의 개성을 드러낼 수 있는 수단이 되고 다른 사람과 차별화되는 포인트다.

연결하고 싶지만 느슨한 관계가 필요

커뮤니티는 어떤 조직이냐에 따라 관계가 강하게 연결되기도 하고 느슨한 연결 고리를 갖기도 한다. 다수의 사람이 속해 있는 가족, 학교, 회사는 강한 연결고리와 소속감을 갖게 된다. 한번 그 조직에 속하면 그 연결고리를 끊기 위해서는 복잡한 절차를 거치거나 많은 노력이 필요하다.

모든 커뮤니티에 이러한 특징이 있다면 사람들은 관계에 피로감을 느낀다. 그래서 보다 느슨하고 자유로운 연대를 찾게 된다. 최근 등장한 커뮤니티에서 그러한 모습들을 볼 수 있다. 내가 원하는 커뮤니티나 카페를 쉽게 찾아서 가입하고 탈퇴하는 것도 쉽다.

때로는 이러한 느슨한 연대감을 기업이나 연예인을 매개로 찾기도 한다. '애플' 브랜드를 좋아하는 사람들은 굳이 애플 관련 카페나 동호회에 가입하지 않았더라도 애플을 좋아하는 다른 사람과 쉽게 공감하고 정보를 공유한다. 인스타그램이나 블로그를 통해 자신의 애플 사용 경험을 공유하면서 광범위한 '애플' 브랜드 커뮤니티 활동을 하는 것이다. '애플' 브랜드에 싫증이 났다고 해서 커뮤니티 탈퇴를 위한 별다른 행동을 취하지는 않아도 된다. 나는 애플을 좋아하지 않는다고 선언하지 않아도 되며 더 이상 애플에 관한 취향을 드러내지 않으면 된다. 이것이 느슨한 연대감이고 느슨한 관계다.

최근 2030 세대를 분석할 때 가장 많이 나오는 키워드 중 하나도 바로 이 '느슨한 연대감'이다. 내가 원할 때는 언제든 연결될 수 있지만, 원하지 않을 때는 끊을 수 있는 관계다.

커뮤니티에 참여하면서 '경험'과 '재미'를 찾는다

가족, 학교, 회사는 '재미'를 찾고 적극적으로 '참여'하는 곳은 아니다. 재미를 위해서가 아니라 태어나보니 가족이 되었고 교육을 위해 학교에 가고 돈을 벌기 위해 회사에 소속된 것이기 때문이다.

'놀이를 하는 것'. 다른 동물들은 갖지 않은, 인간만이 가진 본질이다. 이른바 '호모 루덴스'. 어디선가 끊임없이 즐거움과 재미를 찾을 수밖에 없는 것이 특징이다. 재미와 즐거움을 찾기 위해 취향이 생기고 취향을 공유하고 경험하기 위해 커뮤니티로 이어지게 된다. 결국 우리가 커뮤니티를 이루는 것도 '경험'과 '재미'를 충족하기 위한 것이라고 볼 수 있다.

더군다나 학교나 회사와 같은 조직은 무언가를 대부분 일방적으로 받아들이고 수행하는 수동적인 부분이 많았다면, 커뮤니티는 더욱더 적극적으로 자신의 참여도를 높일 수 있는 곳이다. 심지어 댓글 하나만으로도 자신의 의사를 표현할 수 있다. 커뮤니티에 글을 남기거나 조회수를 높이는 방식으로 커뮤니티를 활성화하고 커뮤니티 구성원들의 관심사와 가치관을 사회적으로 더 주목받도록 유도할 수 있다. 이러한 참여가 다시 경험과 재미로 이어진다. 자신의 참여와 기여가 높아질수록 커뮤니티에 강한 애정과 애착이 생기게 마련이다.

사람들은 나의 개성을 다른 사람과 차별화하는 동시에 같은 취향을 가진 사람들과 언제든 연결될 수 있는 느슨한 연대감을 원하고, 항상 경험과 재미를 찾기 위해 커뮤니티를 만들거나 참여한다. 이러한 모습은 오프라인 활동이 과거보다 줄고 온라인을 통해 쉽게 자신의 의사를 표현할 수 있고 자신과 비슷한 취향을 가진 사람을 쉽게 찾을 수 있게 되면서 더욱 활발해지고 있다.

커뮤니티 사례들을 통해 우리는 왜 더욱더 커뮤니티에 빠져들 수밖에 없는지를 살펴보고자 한다.

옆집에 누가 사는지 몰라도
당근마켓은 좋아하는 이유

코로나 팬데믹이 온 후 지역 기반 중고 거래 플랫폼인 당근마켓이 주목을 받았다. 당근마켓은 사용자의 위치 인증을 통해 사용자 근처에 있는 사람과 중고품을 거래할 수 있도록 연결해주는 플랫폼이다. 반경 4~6km 이내에 있는 사용자들과 연결하기 때문에 말 그대로 '동네' 사람들과 거래하는 것이다. 2022년 5월 기준 월간 이용자수MAU가 1800만 명을 돌파했다.

중고 거래 플랫폼에서 시작한 당근마켓은 지역 커뮤니티 플랫폼으로 성장했다. '찐' 동네사람들로 구성되어 동네 정보를 가장 잘 아는 사람들로부터 믿을 수 있는 정보를 얻는 곳이라는 신뢰가 생겼기 때문이다.

지역 커뮤니티는 생소한 단어가 아니다. 과거 몇십 년 전만 해도 새로운 동네로 이사하면 집 주변 사람들에게 이사 떡을 돌리면서 인사를 했다. 어렸을 적 집 열쇠가 없어서 집에 못 들어가고 있을 때는 옆집에서 잠시 시간을 보내기도 했다. 굳이 친구들과 약속하지 않아도 놀이터에서 만나 놀고 문방구에 가면 문방구 아주머니가 날 알아봐주며 서로가 알고 인사하는 지역 커뮤니티가 형성되어 있었다.

하지만 점차 프라이버시가 중요해지면서 개인화가 빠르게 진행됐고 인터넷이 발달하면서 오프라인보다는 온라인에서 사람과의 관계를 더 많이 맺기 시작했다. 지역 커뮤니티는 점차 희미해졌다.

그런데 당근마켓은 어떻게 다시 지역 커뮤니티 문화를 들고 오게 됐을까? 김용현 당근마켓 공동대표는 《이코노미 조선》과의 인터뷰에서 이렇게 말했다.

"오래전부터 동네 커뮤니티 문화는 있었지만, 개인주의와 도시화로 와해됐다. 하지만 동네 주민들과 더 많이 연결되고 싶은 것은 인간의 근본적인 욕구다."

시대적 변화로 인해 지역 커뮤니티는 희미해졌지만, 여전히 사람들은 지역 커뮤니티를 원하고 있었다. 그래서 과거와는 다른 방식으로 다시 새롭게 지역 커뮤니티가 형성되고 있다. 그동안 IT 기업들이 맛집, 미용실, 병원 등 지역 정보를 지역 기반 데이터나 알고리즘 등을 통해 제공해왔지만, 사람들은 당근마켓을 동네 진짜 맛집은 어디인지, 어느 미용실이 잘하는지, 어느 병원이 친절한지 등의 정보를 얻는 곳으로도 활용한다. 결국 사람들이 믿을 수 있는 정보를 얻는 곳은 동네 사람, 커뮤니티로부터 직접 얻는 정보다.

이는 비단 당근마켓에서만 볼 수 있는 현상은 아니다. 네이버도 '우리동네' 서비스를 통해 사용자 동네의 이웃 소식이나 동네 중고거래, 동네 리뷰 등의 서비스를 제공하고 있다. 네이버의 '맘카페'는 사용자층이 자녀가 있는 여성으로 한정적이기는 하지만 이미 지역 커뮤니티 역할을 하고 있다. 미국에도 지역 기반 플랫폼인 '넥스트도어'가 당근마켓보다 이전에 출시되어 운영되고 있다.

커뮤니티에서 시작된 커머스

우리가 평소에 이용하는 커머스 플랫폼은 대부분 '네이버쇼핑', '쿠팡', '인터파크' 등 여러 판매 사업자를 모아놓은 오픈마켓이다. 또는 패션 쇼핑몰 '지그재그'나 'W컨셉', 뷰티 쇼핑몰인 '올리브영' 등 특정 카테고리의 쇼핑몰이나 브랜드가 직접 운영하는 쇼핑몰이 있다.

그렇다면 '오늘의집', '무신사', '스타일쉐어(2022년 12월 서비스 종료)'는 어디에 속하는 커머스일까? 최근 주목받고 있는 커뮤니티 기반 커머스다.

커뮤니티 기반의 커머스는 회원들이 자발적으로 커뮤니티에 콘텐츠를 올리고 정보를 주고받으면서 상품 구매로 이어지는 플랫폼을 말한다.

일반적인 쇼핑몰 플랫폼에서는 상품을 먼저 보여주고 상품 기능 설명이나 할인 정보 등에 중점을 두고 있다면 커뮤니티 커머스는 플랫폼의 상품 판매가 회원들의 커뮤니티 활동에 방해가 되지 않는 걸 기본 원칙으로 삼는다. 상품 정보를 일방적으로 전달하는 방식이 아니다. 커뮤니티 회원들이 자유롭게 콘텐츠를 공유하고 소통할 수 있는 것이 주요 기능이다. 이렇게 회원끼리 서로 올린 콘텐츠를 공유하다 보면 마음에 드는 상품을 발견하게 된다. 이때 커뮤니티 커머스는 해당 상품을 플랫폼에서 바로 구매할 수 있는 사용자 경험을 제공한다.

이에 커뮤니티 콘텐츠는 대체로 회원들이 올리는 콘텐츠들이 많다. 회원들은 서로 다른 회원들이 상품을 어떻게 활용하는지 그리고 실제 사용 경험 등의 리뷰를 직접적으로 확인할 수 있다. 이를 통해 상품에 관한 신뢰가 높아지게 된다.

콘텐츠 마케팅 솔루션 에이전시 더에스엠씨그룹은 MZ세대 102명을 대상으로 대표 커뮤니티 커머스라고 불리는 '오늘의집' 사용에 관해 설문조사를 실시했다. 그 결과 오늘의집 제품 구매시 가장 영향을 미치는 기능으로 'SNS 형식의 실제 이용자 인테리어 이미지 콘텐츠(58.4%)'가 1위로 꼽혔다.

또 사용자들이 자신의 블로그나 인스타그램 등의 본인 계정이 아닌 커뮤니티 플랫폼에 콘텐츠를 올리는 이유는 일종의 자신의 취향과 개성을 커뮤니티 안에서도 뽐내고 싶은 자아표출 방식 중 하나인 것으로 나타났다. 더에스엠씨그룹의 설문조사에 따르면 응답자의 50.6%는 '콘텐츠를 통해 나의 취향과 능력을 드러내고 싶어서' 콘텐츠를 업로드한다고 답변했다.

커뮤니티 커머스 플랫폼은 자신의 취향을 드러내면서 비슷한 사람들과 정보를 공유하는 일종의 놀이터인 셈이다. 자신이 놀고 소통하는 플랫폼이기 때문에 다른 새로운 쇼핑몰이 생긴다고 하더라도 쉽게 커뮤니티를 떠날 수는 없다. 커뮤니티는 그동안 시간과 노력을 쌓아오고 관계성을 맺은 곳이기 때문이다. 그만큼 애착과 충성도는 높아질 수밖에 없다.

IT 전문 매체 《바이라인네트워크》는 무신사에 관해서 이렇게 평가했다.

"무신사는 커뮤니티 활성화를 통해서 '충성 고객'을 얻었다고 자평한다. 무신사라는 플랫폼의 신뢰도가 커뮤니티를 통해 올라갔고, 향후 커머스 플랫폼까지 자연스럽게 고객을 유입하는 지렛대가 됐다."

이 때문에 많은 기업이 커뮤니티 커머스를 지향하며 커뮤니티를 만들고자 노력하지만 쉽지는 않다. 커뮤니티 회원들이 자발적으로 콘텐츠를 만들고 소통하도록 유도하는 것은 어렵다.

현재 커뮤니티 커머스로 언급되는 오늘의집, 무신사, 스타일쉐어 모두 커뮤니티로 시작하고 자리 잡은 후에서야 커머스 기능을 붙일 수 있었다. 이를 위해 수년이 걸렸다.

소비자들의 소비 패턴이 바뀐 것도 사용자들이 커뮤니티 기반 커머스에 계속 유입되는 이유다. 제품에 관해 많은 정보와 리뷰를 얻기 어려웠던 과거에는 인기 연예인이 사용한 광고에 혹했지만 최근에는 연예인이 아닌 나에게 잘 맞는 제품인지를 먼저 따져보는 분위기가 자리 잡고 있다. 그래서 소비자들은 오늘의집에서는 나와 비슷한 방 구조와 취향을 가진 회원의 인테리어를 구경하고, 스타일쉐어에서는 전문 모델이 입은 옷이 아닌 '내 옆의 옷 잘 입는 친구'의 패션을 구경한다.

커뮤니티 커머스는 상품을 구매할 때 나와 비슷한 사람은 어떻게 상품을 활용하고 있고 실제 사용했을 때 어떤 느낌을 받는지 쉽게 정보를 얻을 수 있게 된 현재의 환경과 잘 맞아떨어진다. 거기에 나의 패션과 인테리어 감각과 취향을 자랑하고 인정받을 수 있기에 커뮤니티 커머스는 더할 나위 없이 좋은 플랫폼이다.

BTS와 아미,
스스로 참여하고 내 정체성이 된다

팬덤은 좋아하는 연예인을 위해서 그리고 연예인을 좋아하는 나 자신을 위해 적극적으로 참여하는 팬들이 모인 커뮤니티의 일종이다. 이들은 누가 강요하지 않아도 스스로 움직이고 자신이 좋아하는 스타를 응원한다.

BTS(방탄소년단)의 팬덤인 아미A.R.M.Y는 이러한 팬덤의 특징을 더욱 잘 보여준다. BTS는 데뷔 초창기 많은 주목을 받은 아이돌 그룹은 아니었다. BTS는 마치 나의 마음을 읽고 위로해주고 응원해주는 듯한 가사와 음악으로 팬들이 하나둘씩 늘어났다. 그 의미를 알게 된 팬들은 BTS에서 헤어나올 수 없었다. 하지만 초기에는 BTS를 모르는 사람에게 BTS는 그저 K-POP 아이돌 가수 중 하나이고 그들을 좋아하는 팬들도 지금과 다른 위상이었다.

《BTS와 아미 컬처》(커뮤니케이션북스, 2019)의 저자 이지행 미디어 문화연구자는 BTS 팬들은 BTS의 가치를 알리기 위해 두 가지 편견과 맞서야 했다고 봤다. 첫 번째는 아이돌 가수를 좋아하는 팬들을 '빠순이'라는 선입견으로만 정의하는 사회적 편견이고, 두 번째는 한국의 아이돌 노래는 '공장에서 찍어낸 음악', '수준 낮은 음악'으로 보는 서구 주류 음악 사회에서의 편견이다.

이렇게 아미는 편견에 저항하는 공동의 목표를 갖게 되고 BTS와 가치를 공유하는 일종의 연대감을 갖게 됐다. 이는 누구도 강요하지 않았지만 이들을 자발적으로 행동하게 만들었다. 한번 빠지면 뒤돌아 나오지 못하는, 다른 의미의 '강한 유대감'이다.

전 세계 아미와 직접 인터뷰한 홍석경 서울대 언론정보학과 교수는 저서 《BTS 길 위에서》(어크로스, 2020)를 통해 팬들에게 아미가 된다는 건 단순히 BTS를 좋아한다는 것을 넘어서는 일종의 정체성 확립이라고 말했다.

이들은 자신들만의 방법으로 BTS를 적극 홍보했다. 당시만 해도 BTS의 소속사가 대형 기획사는 아니었기에 막대한 자본력은 없었다. 아미 다수가 공동의 목표를 위해 함께 움직이는 풀뿌리 홍보를 했다. 미국 50개 주의 BTS 팬들은 미국의 라디오를 뚫기 위해 자신들이 살고 있는 지역의 라디오 방송사를 조사해 직접 홍보하고 다녔다. 미국의 라디오는 빌보드 차트와 미국 일반 대중에 미치는 영향이 크다. 또 자신이 다니는 학교의 광고 보드에 BTS 앨범 홍보지를 붙이는 등 일반인을 상대로 한 홍보 활동도 활발하게 진행했다.

이렇게 많은 노력과 시간을 들인 자발적 참여는 다시 BTS와 아미에 관한 애정과 충성도를 높여준다.

BTS와 아미는 활발하게 움직이는 커뮤니티의 미래를 잘 보여준다. 자신과 공감하는 부분이 있으면 저절로 무형의 네트워크, 즉 커뮤니티가 만들어진다. 이러한 커뮤니티는 자신이 좋아하는 대상의 가치를 알리기 위해 적극적으로 움직이고, 이것이 자신의 정체성이 된다.

브랜드도 커뮤니티다

2019년 11월 브랜드를 출시한 지 6개월 만에 2020년 5월 1일 7000명이 자발적으로 찾아오게 만든 브랜드가 있다. 20, 30대 사이에서 인기가 많아 젊은 층을 공략하려는 대기업들이 협업하자고 먼저 제안이 들어오는 브랜드, '모베러웍스'다. 대기업에서 기획한 브랜드도 아니며 오랜 전통을 가진 브랜드도 아니다. 다양한 상품을 여럿 출시하지도 않았다.

네이버의 '라인프렌즈'를 다니다가 퇴사한 두 명에서 시작한 크리에이티브 그룹 모빌스그룹이 만든 모베러웍스는 '어 리틀 조크 포 프리 워커스A Little Joke for Free Workers'라는 슬로건 아래 새로운 방식으로 일하는 사람들에게 메시지를 전하는 브랜드다. 이들은 오전 9시부터 오후 6시까지 이어지는 근무 방식의 틀을 벗어나 자유롭게 일하는 방식과 직업관을 제안한다.

브랜드의 사전적 정의는 '사업자가 자기 상품에 관해 경쟁업체의 것과 구별하기 위해 사용하는 기호·문자·도형 등의 일정한 표지'다. 업계에서 쓰이는 브랜드의 정의는 훨씬 광범위해졌고, 보통 경쟁사의 제품들과 차별점을 두어 자사의 상품을 더욱 돋보이게 하기 위해 브랜드를 만들어나간다.

하지만 모베러웍스는 기존 브랜드와 확실히 다르다. 모베러웍스는 무언가를 팔려고 만들었다기보다는 브랜드 팬들과 함께 놀고 팬들에게 공감해주기 위해 만든 브랜드다. 2020년과 2021년 5월 1일 모베러웍스가 개최한 노동절 잔치가 그 예다. 아무것도 하기 싫은 노동자들은 모베러웍스의 노동절 잔치에 와서 '두낫띵클럽'에 입단했다. 노동절 기념 가게를 열고 두낫띵 클럽 회원들이 일에 관해 이야기를 나눌 수 있는 장을 마련했다.

또 모베러웍스는 자신의 완벽하지 않은 모습을 가감 없이 보여줬다. 유튜브에 채널 'MoTV'를 개설해 브랜드를 처음 만들기 위해 아이디어를 내는 단계부터 지금까지 계속 발전해오는 모습을 찍어 공유한다. 촬영과 편집엔 전문가가 투입되는 것이 아니라서 다소 투박한 장면과 편집들이 눈에 띈다. 오히려 그 점이 화려하게 꾸민 잘 정돈된 영상보다 팬들에게 더 진실성 있게 다가온다. 기존 브랜드들이 매력 발산을 위해 항상 완벽하고 아름답고 정돈된 모습을 보여주려는 것과는 반대다.

이렇게 특이하고 기존의 틀에서 벗어난 브랜드를 왜 좋아하는 걸까? 모빌스그룹이 직접 쓴 책 《프리워커스》(알에이치코리아, 2021)에서 그 힌트를 얻을 수 있다.

"무언가를 산다는 건 '나는 이런 가치관을 가진 사람이에요'라는 메시지를 전하는 것이다. 우리는 곧 '일하는 사람들이 공감할 만한 메시지를 만들자'라는 생각이 들었다."

'어떻게 신생 브랜드가 하루 만에 1천 명을 모았냐?'라는 질문에는 다음과 같이 말하기도 했다.

"우리가 생각하는 첫 번째 이유는 '소속감'이다. '일하는 사람들'에서 나아가 '우리처럼 일하는 사람들'이 모였다. '스몰 워크 빅 머니', '렛츠 두 낫띵'을 외치지만 누구보다 많이, 그리고 바쁘게 일하고야 마는 사람들. 이 잔치(모베러웍스의 노동절 잔치)에서는 눈치 보지 않고 '일을 좋아한다' 말할 수 있었고 동시에 '적게 일하고 많이 벌고 싶다'라고도 말할 수 있었다. 일하는 사람만이 느낄 수 있는 이 아이러니가 노동자들의 공감을 불러일으켰고, 공감을 바탕으로 한 연대와 소속감이 더 많은 사람들을 끌어오는 계기가 됐다."

모베러웍스는 브랜드가 말하는 확실한 메시지를 보여줬고 이 메시지에 공감하고 자신의 가치관과 맞아떨어진다고 여겨지는 사람들에게 소속감을 만들어줬다. 그래서 모베러웍스를 좋아하는 사람들은 서로 비슷한 가치관을 공유하기에 같이 놀고 즐기기에 부담이 없고 보이지 않는 연결고리가 만들어진 것이다.

또 모빌스그룹은 《채널예스》와의 인터뷰에서 완벽하지 않은 브랜드에 관해 이렇게 설명했다.

"브랜딩이 '친구를 맺는 과정'과 비슷하다고 생각한다. 가장 친한 친구 한 명을 떠올려 보면, 분명 그 친구가 장점만 있고 완벽해서 친해진 건 아닐 거다. 어떤 부분은 모났고 마음에 들지 않지만, 그 자체가 좋기 때문에 친해지지 않았나? (…) 저희를 있는 그대로 솔직하게 보여주는 것이 가장 중요했다. 그랬을 때 모든 사람에게 사랑받지는 못하더라도 누군가와는 깊은 관계를 맺을 수 있을 거라 믿었다."

모베러웍스를 통해서도 볼 수 있듯이 이제 브랜드는 상품을 경쟁사와 차별화하기 위해 보여주는 이미지상에 그치지 않고 소비자들이 브랜드를 통해 자신의 가치관이나 정체성을 드러내는 수단으로 자리 잡고 있다. 브랜드가 자신의 가치관, 정체성을 대변해주기에 이를 매개로 다른 소비자와 직접적인 관계가 없더라도 연결될 수 있는 것이다. 브랜드를 통한 일종의 '소속감'이다. 변화하는 커뮤니티 트렌드를 요약해보면 다음과 같다.

- 소속감은 여전히 필요하다. 그러나 학교, 직장과는 다른 소속감이다.
- 커뮤니티는 남들과 차별화된 나를 나타내는 정체성이다.

- 언제든 연결될 수 있고 언제든 나갈 수 있는 느슨한 연대와 자율성이 필요하다.
- 이제는 기업의 브랜드도 소비자를 모으기 위해 커뮤니티를 고민해야 하는 시기가 왔다.

공통의 목적을 가지고 느슨한 연대, 자율성으로 이어진 커뮤니티가 DAO다. DAO에는 언제든 들어가고 나갈 수 있으며 그 누구도 DAO 활동에 관해 강요하지 않는다. 어떤 DAO에 속해 있는지가 그 사람의 정체성을 보여준다. 이에 고객의 충성심을 더욱 끈끈하게 만들면서도 높이기 위해 NFT를 활용한 탈중앙화 방식의 커뮤니티를 고민하는 기업들도 늘고 있다.

7장
분권화를 원하는 시대

　인간의 역사 대부분은 중앙화된 구조를 가졌다. 정치 사회 분야에서 역사의 상당 부분은 독재 정치였으며 19, 20세기에 들어서서야 민주주의가 자리 잡기 시작했다. 경제 분야에서도 마찬가지다. 산업이 발전하면 발전할수록 소수의 금융기관과 기업이 경제 자본에서 상당 부분을 차지하고 있고 이들은 때때로 정치적으로도 영향력을 발휘한다.

　정치 사회의 거버넌스 역사를 살펴보자. 거버넌스는 정부, 기업, 조직 등을 통제하고 방향을 감독하는 프로세스다. 사람들이 사회, 조직 안에서 어떤 책임, 역할을 맡고 무엇을 할지 결정하는 방법이다. 역사적으로 봤을 때 인류는 상당 부분 왕, 임금, 황제나 독재자

한 사람에게 국가 권력이 집중되는 독재 통치, 또는 소수에게 권력이 집중되는 과두 정치 아래 살아왔다. 이와 같은 방식이 오랫동안 적용된 이유는 간단하고 효율적이기 때문이었다. 다수의 의견을 듣고 하나로 모으는 건 오랜 시간과 많은 노력이 필요하다. 하지만 권력이 한 사람에게 집중되면, 권력을 가진 한 사람만 결정을 내리면 된다.

처음 민주주의가 도입된 곳은 기원전 5세기의 고대 그리스에서였다. 성인 남성에게만 참정권이 주어졌고 당시의 민주주의는 두 세기 정도만 이어지는 한계가 있었다. 지금의 민주주의는 고대 그리스의 민주주의보다 더 발전하고 참정권 대상도 성인 남성에서 모든 성인으로 확대됐다. 국가의 미래를 국민의 손에 맡기려고 노력했고 사람들에게 동등한 자유와 권리를 주기 위한 방향으로 발전해왔다. 역사적으로 되돌아봤을 때 분명 더 좋은 방향의 민주주의로 가고 있는 건 맞지만 여전히 정치, 사회, 경제는 소수의 영향권 아래 있는 경우가 더 많다. 대통령과 국회의원, 자치단체장이 국민의 투표를 통해 선출되지만 이들의 권한은 매우 막강하다.

사실 이러한 모습은 산업계에서 더 확실하게 찾아볼 수 있다. 저널리스트 조너선 테퍼가 쓴 《자본주의의 신화The Myth of Capitalism》(국내 미출간)에서는 다섯 개의 은행이 미국 금융 자산의 절반 이상을 통제하고, 미국 맥주 시장의 90%는 두 개 기업이 장악하는 등 산업계의 독점화를 비판했다.[1] 인터넷이 발전하면서 IT 산업 또한 구글, 아마존, 메타 등 소수의 기업이 패권을 잡았다. 미국 라이스대의 구스타보 그루온 교수 등의 연구에 따르면 지난 20년 동안 약 75%의 미국 산업군에서 시장 집중 현상이 심화됐다.[2]

2000년대 인터넷의 등장으로 누구나 정보를 쉽게 찾을 수 있고 인터넷에서 자신의 목소리를 낼 수 있게 되면서 과거보다 더 분산화, 분권화된 사회를 전망했지만 이는 장밋빛 미래에 불과했다. 오히려 인터넷의 발전으로 빅테크 기업의 종속 시대가 찾아왔다.

사용자가 늘어나면 늘어날수록 더 큰 힘을 갖는 네트워크 효과는 구글, 메타, 트위터, 아마존 등이 지금의 빅테크 기업으로 성장할 수 있게 도왔다. 게다가 이 기업들은 사용자가 인터넷 세상에서 활동하는 데이터를 수집해 자사의 인공지능 기술을 발전시키는 데 활용한다. 이렇게 발전한 기술은 사용자 맞춤형 광고나 서비스 추천을 제공해 사용자들을 이들 기업으로부터 더욱더 빠져나올 수 없게 한다.

언스트앤영에서 실시한 조사에 따르면, 설문조사에 응답한 사람 중 3분의 2가 비즈니스를 위해 소비자 데이터를 수집하고 있다고 답했다. 또 80%가량은 데이터 분석을 통해 수입을 증대할 수 있었다고 답변했다.

현재 상황에서 스타트업이 디지털 서비스를 만들고 운영하기 위해서는 이들 빅테크 기업에서 완전히 벗어날 수는 없다. 앱을 만들더라도 구글의 안드로이드 앱스토어인 '구글 플레이스토어'나 애플의 'iOS'의 심사를 거쳐야 하고 이들의 정책에 따라야 한다. 구글과 애플이 앱스토어 수수료를 높이면 앱 개발사들은 이에 따를 수밖에 없다. 앱 생태계를 이 두 기업이 장악하고 있기 때문이다.

앱이 아닌 인터넷 서비스도 마찬가지다. 구글이나 네이버에서 서비스 이름이 검색되어야 기업들은 자사의 서비스를 잠재적 사용자들에게 알릴 수 있다. 대중에게 홍보하기 위해서는 온라인 광고 시장을 점유하고 있는 구글, 메타, 트위터, 아마존 등을 통해야 하며 국내에서도 네이버나 카카오를 통해야 한다.

이제는 독과점에서
벗어나고 싶은 움직임

조너선 테퍼는 미국 자본주의가 실패한 이유를 소수 기업의 독점으로 인해 경쟁이 사라졌기 때문이라고 주장했다. 그는 다음과 같이 말했다.

"인류를 기아와 궁핍에서 건져내 번영과 부의 길로 이끈 자본주의는 경쟁을 그 원동력으로 한다. 지금 미국 산업선 이런 경쟁이 잇달아 실종되고 있다."[3]

경쟁이 사라지면서 기업들은 새로운 혁신이나 변화를 추구하지도 않고 소비자보다는 규제와 로비에 의존한다. 결국 독과점은 독점 기업에만 좋은 일이며 사회 전반적인 발전에는 결코 긍정적이지 않다.

또한 사회에 번지는 불확실성과 불평등은 여전히 확대되고 있다. 유엔 경제사회사무국이 2020년 초 발간한 〈세계사회보고서〉에 따르면 소득 불평등은 2008년 금융 위기 이후 대부분의 선진국에서 증가했다. 기후 변화와 팬데믹은 상류층보다 저소득층과 중산층 가구에 훨씬 더 심각한 영향을 미쳤다.

이에 사회 구조 변화가 필요하다는 요구가 늘어나고 독점에서 벗어나고자 하는 목소리와 움직임이 여러 곳에서 발견된다. 인터넷이라는 공간은 여전히 개인이 목소리를 낼 수 있는 곳으로 남아 있으며, 그 위력은 과거보다 더 강력해졌다. 소비자의 의견을 무시하거나 부당한 대우를 한 기업은 인터넷을 통해 공론화되고 기사화로 이어지기도 한다.

인터넷을 통해 목소리를 내는 개인들이 뭉쳐서 새로운 권력이 되는 모습도 보인다. 그 결과 대기업도 소비자와 사회의 감수성을 감안해 결정을 내릴 때도 있다. 과거처럼 기업이 소비자의 눈치를 보지 않고 마음대로 움직이지는 못하게 된 것이다. 대표적으로 엔씨소프트의 게임 '리니지M' 롤백 사건이 있다. 2021년 1월 엔씨소프트는 리니지M에서 시스템의 과금 부담을 낮추도록 구조를 개편했다가 최상위 과금 게이머들이 이에 반발하자 시스템 개편을 없었던 일로 하기로 결정했다. 이 과정에서 여러 문제점이 지적됐고 결국 리니지M 유저들은 엔씨소프트 불매운동과 트럭 시위를 진행하기도 했다. 리니지는 '린저씨(리니지+아저씨)'라고 불리는 충성 고객 기반이 탄탄한 것으로 알려져 있었다. 하지만 기업이 소비자를 기만한다고 판단될 때는 충성 고객도 강력하게 반발한다는 사례를 보여줬다.

개인의 목소리로 비판과 지적만 하는 것이 아니라 때로는 좋은 일을 했을 때 이를 공유하고 함께 응원해주는 모습을 보여주기도 한다. 치킨을 먹고 싶지만 형편이 어려워 가게 밖을 서성이던 형제에게 치킨을 무료로 대접한 한 치킨집 사장의 선행이 화제가 되자, 누리꾼들은 이 치킨집을 찾아 주문하는 '돈쭐내기'를 했다. 돈쭐내기는 '돈으로 혼쭐낸다'를 줄인 말로, 사회에 선한 영향력을 행사했을 때 해당 기업이나 가게의 제품, 서비스를 많이 이용해 돈을 많이 벌게 해준다는 의미다.

과거 사회에 관한 비판과 지적, 혹은 미담은 방송이나 신문을 통해 알려지기 시작했지만, 최근엔 인터넷 커뮤니티와 소셜미디어를 통해 일반 대중이 알리기 시작하는 '풀뿌리 미디어'가 눈에 띈다. 미디어의 분권화. 이는 때로는 검증되지 않은 소문이 마치 사실처럼 알려지면서 잘못된 방향으로 여론이 형성되기도 한다. 하지만 여러 차례 이러한 부작용을 겪은 뒤 최근엔 어떤 이슈가 발생했을 때 어느 한쪽의 편만 드는 것이 아니라 정확한 상황이 확인될 때까지 '중립 기어를 박는' 자정 작용이 일어나기도 한다.

이러한 분위기 속에서 기업과 미디어에서도 개인의 목소리를 좀 더 담고 개인이 참여를 유도하려는 노력들이 나온다. 기업이 만드는 제품이나 서비스에 기업의 의견이 일방적으로 반영되고 결정되는 것이 아니라 소비자의 의견이 반영될수록 소비자들은 그 제품이나 서비스에 더 애정을 갖고 충성도도 높아지기 마련이다. 인기 서바이벌 프로그램이었던 〈프로듀스 X 101〉이 시청자를 국민 프로듀

서라고 부르고 아이돌 멤버 데뷔 선정에 시청자 투표를 반영하는 방식을 적용했던 이유다. 자신이 직접 뽑은 연습생이 아이돌로 데뷔한다는 점은, 〈프로듀스 X 101〉에 관한 주목도를 높일 뿐 아니라 아이돌로 데뷔한 이후에도 아이돌을 향한 애정과 관심을 지속하게 만든다.

주류로 도약하는 비주류 문화

인터넷과 소셜미디어의 발달은 개인의 목소리와 참여권을 확대할 뿐 아니라 그동안 비주류의 문화로 여겨졌던 것들을 주류로 이끄는 데도 많은 역할을 했다. 영화, 드라마를 비롯한 영상 콘텐츠는 할리우드, 음악은 미국 대중음악이 전 세계 문화의 중심이었으며 주류 문화였다. 하지만 최근 몇 년 사이 그동안 주목받지 못했던 비주류 문화가 주류 문화 사이를 비집고 들어갔다.

넷플릭스에서 스트리밍된 한국 드라마 〈오징어 게임〉과 국내 아이돌 그룹 'BTS'가 대표적인 예다. 오징어 게임은 역대 넷플릭스 드라마 중 시청 시간(콘텐츠 공개 후 28일간 시청 시간) 16억 5000만 시간으로 1위를 차지했다. 2위 〈기묘한 이야기4〉(13억 5000시간)와는 3억 시간이 차이 난다. BTS는 처음 글로벌 시장에 등장했을 때 주류가 아닌 가수라는 편견을 극복해야 했지만 현재 명실상부 글로벌 가수로 자리매김했다.

〈오징어 게임〉과 BTS가 성공할 수 있었던 배경에는 콘텐츠 자체의 우수함도 있지만, 그동안 한국 영화, 드라마와 케이팝 등 한국 콘텐츠가 꾸준하게 조금씩 글로벌 문화 속 마니아들 사이에서 주목을 받아온 기반이 있었던 덕분이다. 〈오징어 게임〉 전에도 동남아와 중동을 중심으로 인기가 있었던 한국 드라마들이 있었고, 이를 알아본 넷플릭스의 과감한 투자가 있었다. BTS 전에도 케이팝 아이돌들은 아시아와 중남미에서 인기가 많았다.

이들이 좋아하던 문화 콘텐츠는 그동안 글로벌 시장에서 봤을 때는 주류 문화가 아니었을 수는 있지만, 이들은 자신의 취향이 주류이든 비주류이든 크게 신경 쓰지 않고 자신의 취향을 꾸준히 고수하고 즐겨왔다. 디지털 시대에 언제 어디서든, 콘텐츠 생산지가 지구 반대편에 있더라도 디지털의 힘으로 마음껏 즐길 수 있고 자신의 취향을 인터넷을 통해 다양한 사람들과 공유할 수 있기 때문이다. 이러한 힘이 모여 글로벌 시장에서도 인정받을 수 있는 콘텐츠가 만들어진 것이고 이들 팬을 주류 문화로까지 확산될 수 있었던 것이다.

베스트셀러 《포노사피엔스》(쌤앤파커스, 2019)의 저자 최재붕 성균관대 기계공학부 교수는 칼럼 〈오징어 게임의 성공은 소비자 권력 시대 개막의 상징〉에서 이렇게 분석했다.

"오징어 게임의 글로벌 팬덤 현상은 디지털 신대륙의 생태계가 완전히 무르익었음을 보여주는 사례다. 인류는 이제 디지털 문명에서 소통하고 스스로 팬덤을 만들며 그것을 통해 비즈니스를 이끌어 간다. 이들은 대중 매체에 의해 조종당하는 소비자가 아니라 시장을 주도하는 권력자가 됐다."

비주류의 문화가 주류 문화 시장에서 인정을 받을 수 있게 된 건 거대 미디어에 이끌려 다니지 않는 개개인의 취향이 주류로 올라설 수 있음을 보여주는 것이다.

소액주주가 뭉친다

권력의 분산화는 자본시장에서도 나타나는 현상이다. 우리나라 대부분의 기업은 오너 중심의 경영으로 이뤄진다. 주주가 회사의 주인인 주주 자본주의를 적용하고 있기에 기업의 주식 단 한 주만 가졌더라도 기업의 주인으로서 그 권리를 행사할 수 있다. 하지만 한 주의 힘은 대주주가 가진 주식의 힘보다는 너무 작다. 그렇다 보니 대주주인 오너를 위한 기업 경영이 이뤄지는 경우가 많다. 다수의 소액주주보다는 대주주를 위한 의사 결정, 불투명한 지배구조, 낮은 배당금 등이 그 예다.

대주주보다는 적은 주식을 보유하고 있기에 큰 힘을 발휘하지 못했던 소액주주들이 뭉치기 시작했다. 바로 소액주주 운동이다. 과거에도 소액주주 운동은 종종 있었지만, 최근엔 더 적극적인 활동이 이뤄진다. 코로나 팬데믹 이후 개인 투자자가 늘어났기 때문이다. 또 인터넷을 통해 과거보다 쉽게 다양한 사람의 의견을 모을 수 있는 힘이 열린 덕분이다. 예전보다 기업의 정보를 확인할 수 있는 방법이 늘어났으며 주주로서의 권리가 무엇인지도 알게 됐다.

소액주주가 부당한 기업 행위를 인터넷을 통해 빠르게 확인할 수 있고 언제든 의견을 개진할 수 있는 길이 열린 셈이다.

대표적인 사례가 카카오다. 카카오 계열사인 카카오페이 경영진의 스톡옵션 행사 등 부정적인 이슈로 카카오 주가가 하락하고 주주들의 불만의 목소리가 높아졌다. 이에 남궁훈 카카오 대표는 주가가 15만 원으로 오를 때까지 최저임금만 받겠다고 밝혔으며 자사주 소각 등 주주환원 정책도 발표했다(남궁훈 대표는 2022년 10월 '카카오 먹통 사태'에 책임을 지고 사임했다).

CJ ENM은 2021년 11월 발표했던 신규 스튜디오 물적분할이 대주주의 이익만 극대화하고 CJ ENM의 주주가치는 훼손한다고 주주들이 반발하자, 물적분할 계획을 철회했다. 이렇게 소액주주들의 의견이 기업 결정에 반영되는 결과가 하나둘씩 나오고 있다.

소액주주 운동의 움직임은 미국 증권가에서도 일어났다. 2021년 1월 대형 헤지펀드가 '게임스탑' 주식에 관해 공매도 포지션을 잡은 사실이 알려지면서 미국 커뮤니티 플랫폼 '레딧'을 중심으로 개인 투자자들이 게임스탑 주식을 대량 매수해 주가를 폭등시킨 사건이다. 결국 게임스탑 주식에 공매도 포지션을 걸었던 헤지펀드들은 막대한 손실을 입고 사실상 항복 선언을 했다.

대형 헤지펀드의 게임스탑 공매도 전략에 개인 투자자들이 저항했던 이유는 게임스탑의 전망이 밝았기 때문은 아니었다. 한국처럼 미국 개인 투자자들 사이에서 대형 금융기관의 공매도에 관한 인식은 부정적이었다. 게다가 미국은 2008년 미국발 글로벌 금융위기를 겪으면서 대형 금융기관에 관한 신뢰도 낮아졌다. 글로벌 금융위기의 다양한 원인에는 대형 금융기관의 안일함과 탐욕도 있었지만 정부의 기금으로 이들은 부활하고 중산층만 고통스러워졌기 때문이다. 악감정이 쌓이면서 개인 투자자들은 게임스탑 사태를 대형 금융기관의 공매도 세력에게 복수할 기회로 삼았다. 게임스탑의 시가총액 규모가 크지 않았던 덕분에 개인 투자자의 세력이 이길 수 있었지만, 이제 자본시장에서도 권력이 분산화되는 모습을 종종 볼 수 있게 된 것이다.

비트코인과 이더리움

비트코인과 이더리움도 그동안 중앙집중식 사회, 경제 구조에 관한 불만에서 나오게 됐다.

2000년대 초 인터넷의 상용화로 정보의 민주화가 실현되면서 권력의 흐름 또한 소수에서 다수로 분산화할 것으로 기대했다. 누구나 쉽게 정보를 확인하고 의견을 개진하고 공유할 수 있게 됐기 때문이다.

하지만 현실은 그러지 못했다. 인터넷은 신뢰를 기반으로 만들어지지 않았기 때문이다. 이는 인터넷에서 활동하는 상대방이 누구인지 확신할 수 없다는 의미다. 나에게 카카오톡으로 동생이 '10만 원만 빌려줘'라고 말했지만, 현재 나와 카카오톡으로 대화하는 동생이 진짜 내 동생인지는 확인하기 어렵다. 동생의 스마트폰을 훔친 사람이 동생인 척 나에게 말을 거는 것일 수도 있고, 해커가 동생의 계정을 탈취해 동생인 척 돈을 빌리려고 시도하는 것일 수도 있다. 실제로 한 연예인에게 악플을 단 악플러는 '잠시 화장실을 간 사이 고양이가 우연히 타자를 쳤어요'라는 변명을 하기도 했다. 말도 안 되는 변명이지만, 인터넷에서 활동한 사람이 실제 누구인지 확인하기 어려운 점을 나타내는 사례다.

이렇게 인터넷에서는 신뢰하지 못하기 때문에 보증을 해줄 수 있는 중간 매개체가 필요했다. 예를 들어, 카카오톡 메신저라면 카카오가 사용자의 신원을 확인한다. 카카오톡에서 '이유미'라는 계정을 가진 사람이 실제 이유미가 맞는지 확인한 후 카카오톡 가입을 승인하고 지인과 채팅을 할 수 있도록 해준다. 물론 카카오톡 사칭 사건도 종종 일어나기에, 이 방법이 카카오톡 사용자의 신원을 100% 확인해주지는 못하지만 지금까지의 방식 중 가장 흔히 쓰이는 방법이다. 메신저뿐 아니라 스마트폰을 통해 친구에게 10만 원을 송금할 때도 은행이나 핀테크앱 등 중간 매개체가 필요하다. 송금할 때 실제로 나는 10만 원을 은행에 입금하고, 은행이 돈을 친구의 계좌에 넣어주는 방식이다. 친구의 계좌는 이전에 은행이 실제 그 친구의 신원을 확인하고 계좌 설립을 승인한 계좌다.

온라인 쇼핑에서도, 판매자가 실제로 판매할 상품을 가지고 있는지, 믿을 만한 판매자인지, 그리고 소비자도 실제 상품을 구매할 소비자가 맞는지 확인하고 이들을 연결할 중간 매개체인 플랫폼이 필요하다.

인터넷에서의 대부분 활동에 중간 매개체가 필요하다 보니 이들의 역할을 자처하는 플랫폼의 힘은 점차 강해졌다. 플랫폼 없이는 상대방을 신뢰할 수 있는 방법이 간단하지 않고 효율적으로 서로 다른 주체를 연결하기가 어렵기 때문이다. 구글은 정보가 필요한 사람과 정보를 널리 알리고 싶은 주체를 연결하고, 아마존은 상품 판매자와 소비자를 연결하고, 메타는 사람과 사람을 연결하면서 성장해왔다. 그리고 이들 기업은 이제는 데이터와 인공지능 기술을 통해 그들의 힘을 더욱 키우고 있다.

사실 이러한 신뢰를 위한 중간 매개체는 인터넷 이전에도 필요했다. 부동산 거래를 할 때 판매자가 실제로 판매하는 땅의 소유자가 맞는지 정부기관에서 관리하는 등기부등본을 확인해야 하고 한국의 경우 신원확인을 위해 정부에서 발급하는 주민등록증을 확인한다. 이때는 중간 매개체가 정부다. 금융 거래를 할 때도 대출자가 대출금과 이자를 상환할 능력과 의지가 있는지 개인이 판단하기 어

인터넷 플랫폼

렵기 때문에 개인이 직접 개인에게 대출을 제공하지 않는다. 대신 은행이 예금기관과 대출기관의 역할을 동시에 하면서 예금자로부터 받은 돈을 대출자에게 대출하는 방식을 적용한다. 일상에서도 중간 매개체의 역할은 없어서는 안 될 존재인 것이다.

그러다 서브프라임 모기지 사태가 2008년 미국발 글로벌 금융위기로 번졌으며 리먼 브라더스, 베어스턴스와 같은 대형 금융회사가 파산했으며 씨티그룹, AIG, 메릴린치 등도 위험한 상황이었다. 대형 금융기관의 파산은 금융을 비롯한 전 산업경제에 더 큰 충격으로 이어질 수 있다는 판단에 미국 정부는 대형 금융기관을 대상으로 막대한 규모의 구제금융을 결정했다.

서브프라임 모기지 사태는 대형 금융기관들의 과도한 파생상품 투자와 리스크를 과소평가한 것이 원인이었다. 그럼에도 정부는 대형 금융권을 구제하고 당시 경기침체를 막기 위해 막대한 돈을 푸는 통화 완화 정책을 펼쳤다. 이로 인해 경제 양극화가 심화하는 등 정부 정책에 관한 부정적인 평가도 뒤따랐다. 이후 월스트리트의 금융 엘리트에 관한 신뢰도 추락했다.

이에 관한 비판이라도 하듯 정체가 알려지지 않은 개발자 사토시 나카모토는 2008년 10월 9쪽짜리 논문인 비트코인 백서 '비트코인: P2P 전자화폐 시스템Bitcoin: A Peer-to-Peer Electronic Cash System'을 공개했다. 비트코인 백서는 중간 매개체 없이 금융 거래를 할 수 있는 방식을 설명했다. 나카모토는 '중앙은행은 통화 가치를 떨어뜨리지 않도록 신뢰할 수 있어야 하지만, 화폐 통화의 역사는 그 신뢰의 위반으로 가득하다'라고 기존 금융 시스템을 비판했다.

2009년 2월 11일 비트코인 네트워크 프로그램을 처음 공개했는데 이때 암호화폐 비트코인을 처음 발행하면서 'The Times 03/Jan/2009 Chancellor on brink of second bailout for banks'라는 메시지를 남겼다. 이는 2009년 1월 3일 런던 《뉴욕타임스》 1면의 기사 제목 '더 타임스, 은행들의 두 번째 구제금융을 앞두고 있는 U.K. 재무장관'이다. 대형 금융기관의 금융 부실을 구제하는 정부를 비판한다는 의미다.

비트코인은 블록체인 기술을 적용했다. 그동안 데이터를 저장하고 처리하는 방식은 기업이 설치한 중앙 컴퓨터가 담당했다. 데이터가 필요할 때마다 사용자가 자신의 컴퓨터나 스마트폰 등의 기기로 기업이 설치한 중앙 컴퓨터에 접근해 데이터를 가져오는 방식이었다. 중앙집중으로 데이터를 처리하는 방식이다.

반면 블록체인은 분산된 여러 컴퓨터에 데이터를 저장하고 처리하는 방식이다. 데이터를 저장한 컴퓨터 한 곳이 파괴되더라도 다른 컴퓨터에 데이터가 남아 있기 때문에 안심할 수 있다. 또 누군가 한 컴퓨터에 접근해 데이터를 위변조하더라도 다른 컴퓨터에 원본이 남아 있으므로 안심할 수 있다. 여기에 암호학 기술도 결합했다.

비트코인은 이러한 블록체인 네트워크 방식을 활용해 기존 중앙집중식 금융을 분산화할 수 있는 방식을 제안했다. 그동안 중앙집중화된 권력에 염증을 느낀 사람들은 비트코인의 탈중앙화와 분산화 철학을 반겼다.

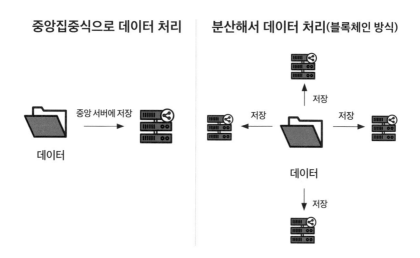

| 중앙집중식으로 데이터 처리 | 분산해서 데이터 처리(블록체인 방식) |

데이터 처리 방식

비트코인의 철학에 매료된 비탈릭 부테린은 비트코인보다 활용성을 높인 이더리움을 만들었다. 비트코인이 금융 거래를 위한 화폐 역할에 집중했다면 이더리움은 스마트 계약 기능을 넣었다. 컴퓨터 프로그래밍을 통해 여러 인터넷 서비스와 앱을 만들듯이 이더리움의 스마트 계약 기능을 활용해 탈중앙화를 기반으로 한 서비스와 앱을 만들 수 있도록 한 것이다. 탈중앙화를 기반으로 한다는 건 신뢰를 위한 중앙 매개체, 또는 양쪽을 연결하는 플랫폼의 역할이 필요 없다는 의미다.

비탈릭 부테린은 우버와 비교해서 블록체인의 역할을 설명했다. 우버는 택시 기사의 근무 환경을 열악하게 만들었지만, 블록체인은 우버의 일을 빼앗아 택시 기사가 직접 고객들을 상대하도록 도와준다고 봤다.

비탈릭 부테린의 말을 풀어보면 이렇다. 현재 우버는 운전자와 사용자의 신원을 확인하고 이들을 연결해주는 역할을 수행하면서 수수료를 받았다. 연결의 힘을 통해 기업가치는 높게 평가받았고 주식시장에 상장하면서 우버 주식을 보유하고 있던 초기 투자자들과 소수의 내부 임직원들만 우버의 성과의 결실을 가져갈 수 있었다. 우버는 성장했지만 우버 운전자들의 열악한 노동 환경은 여전히 개선되지 않았다. 우버에게 소비자를 빼앗긴 택시 기사들의 환경이 악화된 것은 물론이다.

비탈릭 부테린은 블록체인이 현재 우버의 역할을 대체할 수 있을 것으로 봤다. 운전자와 사용자를 연결하는 최적의 알고리즘을 개발하는 개발자의 역할은 필요하지만, 운전자와 사용자가 안전한 신원을 보유하고 있는 사람인지는 우버가 없어도 블록체인을 통해 신뢰를 만들 수 있다는 것이다. 그만큼 수수료는 줄어들 수 있다.

이더리움은 플랫폼을 대신해 개인과 개인을 연결하는 것 외에도, 현재 빅테크 기업을 중심으로 돌아가는 테크 산업에도 혁신을 일으킬 힘이 있다. 이더리움을 비롯한 블록체인 네트워크에서는 아무리 이더리움이 블록체인 생태계에서 높은 점유율을 갖고 있다고 하더라도 이더리움을 활용하는 데 특별한 승인이 필요하지 않다. 오픈소스이기 때문에 누구나 이더리움의 네트워크를 활용할 수 있다.

물론 이더리움 네트워크 수수료나 정책은 이더리움의 방침을 따라야 한다. 하지만 구글의 정책을 구글 내부에서 정하는 것과 달리 이더리움은 이더리움을 통제하는 소수의 직원이 있지는 않다. 이더리움 네트워크에 참여하고 있는 다수의 참여자 투표에 의해 결정된다. 즉, 구글의 정책은 구글에 유리하게 결정될 수 있지만, 이더리움의 정책은 이더리움이 아닌 다수의 참여자에게 유리한 방향으로 결정될 수 있다.

이 때문에 지금의 빅테크 기업 중심의 IT 생태계에서는 '제2의 구글', '제2의 메타'가 나오기 어렵다고 지적하지만, 블록체인 전문가들은 블록체인 환경에서 다시 한번 혁신이 일어나길 기대하고 있는 것이다. 변화하는 사회적, 정치적, 경제적 구조를 요약해보면 다음과 같다.

- 대중들은 그동안 소수에게 집중됐던 권한이 점차 분산화되길 원한다.
- 인터넷과 소셜미디어를 통해 개인의 목소리에도 힘이 실렸다.
- 문화산업에서도, 자본시장에서도 분산화가 진행 중이다.
- 이러한 흐름 속에서 비트코인과 이더리움이 등장했다.

다방면에서 사회는 분권화와 분산화를 원하고, 분산화하는 방향으로 가고 있다. 모든 구성원이 의견을 낼 수 있고 이익을 공평하게 분배할 수 있으며 플랫폼 사용자가 곧 거버넌스 참여자가 될 수 있는 DAO를 웹3.0 관계자들이 반기는 이유다.

8장
투명성이 강조되는 시대

현재 모든 세대가 주목하고 있는 세대가 바로 Z세대다. Z세대 전에는 X세대(1970년대 출생)와 밀레니얼 세대가 있었다. X세대 이전 세대인 베이비붐 세대(1950년대 중반~1960년대 초중반 출생)는 산업화를 이뤘고 386세대(1960년대 태어나 1980년대 대학을 다니면서 학생운동과 민주화 운동에 앞장섰던 세대)는 민주화 운동을 통해 독재 정권에서 민주화를 이뤘다. X세대는 취업 시즌에 1997년 외환위기를 겪었다. 정부의 독재 권력으로부터 벗어났지만 사회는 여전히 개선해야 할 부분이 많았다. X세대부터 본격적으로 시작된 세계화를 밀레니얼 세대는 몸소 겪으면서 '글로벌 스탠다드'를 찾기 시작했고 사회의 부정부패, 불평등, 불합리에 주목했다. 그리고 Z세대는 공정함에 관한 목소리를 높이고 있다. 세대가 바뀌어도 사회가 나아지기 위해 현 세대가 기존 사회에 저항하는 모습은 여전하다. 내가 생각하기에 '이건 아닌데' 싶은 것이 여러 사람으로부터 동의를 얻으면 수정되고 개선되면서 사회가 발전한다. 그래서 항상 정의와 공정의 기준은 시대에 따라 조금씩 변하기 마련이다. 과거에는 정부로부터 권한과 권력을 대중이 찾아와야 했고, 다음 단계는 사회에서 내가 실질적으로 겪는 부당함에 관한 개선이 필요했다. 세대마다 요구하는 것이 달라지는 이유는 변화하는 사회에서도 그 원인을 찾을 수 있다. 밀레니얼 세대는 1997년 외환위기에 부모님 세대가 정리해고와 명예퇴직을 당하는 걸 목격했다. Z세대도 2008년 글로벌 금융위기를 겪은 아버지 세대를 목격했다. 이들에겐 '안정적인 일자리'는 결코 당연하지 않은 단어다. 불확실해진 사회 속에서 어떻게든 살아남기 위해 경쟁하고 불안에 떤다. 과거보다 풍요로운 사회가 된 건 맞지만 더 이상 전체 사회와 경제의 '성장'과 '안정'은 보장할 수 없기에 개인이 나를 지키는 수밖에 없다.

이들의 불안한 심리는 사회 전반적으로 나타난다. 2020년 PR 컨설팅회사 에델만의 신뢰도 지표 조사에 따르면 한국인 응답자 중 87%는 다양한 이유로 인해 실직할 것을 우려한다고 답변했다. 빠르게 발전하는 기술에 관해서도 걱정을 나타냈다. 한국인 응답자 중 79%는 '기술 발전의 속도가 너무 빠르다', 66%는 '발전하는 기술로 인해 우리가 보고 듣는 모든 것들이 진짜인지 알 수 없을까 봐 걱정된다'라고 답했다.

이러한 현상은 글로벌 전체에서도 확인할 수 있다. 2022년 에델만 글로벌 신뢰도 조사에 따르면 85%가 실직에 관한 우려를 나타냈다. 또 기업, NGO, 정부, 미디어에 관한 신뢰는 과거보다는 개선되고 있지만 여전히 높은 신뢰를 얻지는 못했다. NGO를 신뢰한다고 응답한 비율은 59%, 정부는 52%, 미디어는 50%였으며, 기업은 61%였다. 60~100%가 신뢰 구간, 50~59%가 중립 구간, 1~49%가 불신 구간으로, 기업만 신뢰 구간에 간신히 포함됐다.

사회가 날 지켜주지 못하고 신뢰하기도 어려운 세상에서 불확실성이 높아지는 상황이 계속되자 20, 30대는 내가 나를 지켜야 한다는 본능으로 인해 공정성을 더욱 민감하게 받아들일 수밖에 없을 것이다.

과거와는 다른 공정함

최근 2030 세대가 요구하는 공정함은 이전 세대가 생각하는 공정함과는 약간 다를 수가 있다. 시대의 변화에 따라 이전 세대는 권한과 권리를 부당하게 해치지 않고 평등한 기회를 주는 것에 초점을 맞췄다면, 지금의 세대는 과정에 관한 공정성에 초점을 맞춘다. 일방적인 결과 통보가 아닌 왜, 그리고 어떻게 해서 그러한 결과가 나왔는지, 납득할 수 있도록 투명하게 정보를 공개하라는 요구다.

김용성 피플앤비즈니스 교수는 한국경제 칼럼을 통해 Z세대와 기성세대에 관해 이렇게 설명한다.

"Z세대는 모든 정보가 공개되고 검색이 가능해야 한다고 믿는다. 투명성을 신봉하는 신세대는, 지식과 정보를 독점해 기득권을 유지하려는 기성세대와 사사건건 충돌한다. Z세대가 신봉하는 투명성이란 이런 것이다. 정보는 누구도 독점해서는 안 되는 공공의 자산이며 원하는 사람은 쉽사리 정보를 찾을 수 있어야 한다. 기성세대는 독재적, 억압적 세상에서 자랐기에 리더가 거짓말을 하지 않는 정직함만 보여도 충분히 만족할 수 있었다. 하지만 Z세대는 리더가 모든 정보를 공개하고 공유하는 투명성을 보여줘야 만족한다."

김난도 서울대 교수의 《트렌드 코리아 2020》(미래의창, 2019)에서는 '페어 플레이어'라는 키워드를 통해 공정이 사회경제적으로 중요한 의제가 될 것을 예측했다. 《트렌드 코리아 2022》(미래의창, 2021)를 통해서는 최근 상황에 맞게 보다 자세하게 풀었다.

"공정은 더욱더 사회적 화두가 됐다. 팬데믹으로 인한 통제, 스트레스, 경제적 손실 등을 공평한 상호 분담을 통해 나눠야 한다는 의식이 강해진 결과라고 보인다. 사회적 이슈가 대두할 때도 이념보다는 실리, 조직보다는 개인, 여야 정쟁이나 남북 관계 등 거대 담론보다는 가격 인상이나 원산지 문제 등 피부로 와닿는 일상에서 경험하는 불공정에 소비자들은 공분한다."

이를 가장 잘 나타내는 사건이 2021년 불거졌던 SK하이닉스의 성과급 논란이다. 당시 SK하이닉스의 입사 4년 차 직원은 '성과급 산정 방식을 밝혀 달라'며 회사 대표 등에게 항의 메일을 보냈다. 회사의 실적이 나아졌음에도 성과급은 기대했던 것만큼 나오지 않은 이유와 왜 그러한 액수가 정해졌는지에 관해 묻는 것이었다. 결국 SK하이닉스는 성과급 지급 방식을 일부 변경했다.

MZ세대를 중심으로 설립된 노동조합도 이와 비슷하다. 기성노조가 일률적인 임금 인상을 위해 회사와 협상을 벌였다면, LG전자, 현대자동차그룹에서 출범한 사무직 노조는 공정한 성과 측정과 이에 관한 합당한 보상을 요구한다.

이러한 현상은 2030 세대가 어렸을 때부터 언제든지 원할 때 쉽게 인터넷을 통해 정보를 찾아볼 수 있는 상황이 익숙해졌기 때문이기도 하다. 과거보다 정부와 기업에서 공개하는 정보의 범위는 넓어졌고 인터넷을 통해 서로 정보와 생각을 주고받을 수 있어서 정보의 투명성에 익숙한 세대다. 어렸을 때부터 궁금한 게 있다면 인터넷을 통해 혼자서 해결할 수 있는 능력도 키웠다. 그래서 이해되지 않는 결과가 나왔을 때 이를 무조건적으로 받아들이기보다는 왜 그러한 결과가 나왔는지 정보의 투명성을 요구한다.

이 덕분에 부당하거나 불합리하다고 여겨지는 부분이 있다면 참지 않고 물어보고 목소리를 낸다. SK하이닉스 외에도 삼성전자에서도 사내 게시판과 대표이사 이메일을 통해 임금과 보상에 관한 불만을 제기하는 직원이 있었으며, 현대자동차에서도 타운홀 미팅에 참석한 정의선 현대자동차 회장에게 보상 및 성과급에 관한 불만을 직접 토로하는 목소리도 있었다.

'나'뿐 아니라
다른 이를 위한 공정함

2030 세대가 자신의 이익만을 위해 공정함을 외치는 것은 아니다. 내가 아닌 다른 사람, 또는 사회에 관해서도 공정함을 외치기도 한다. 내가 좋아하는 연예인이 소속사로부터 부당한 대우를 받고 있다고 생각되면 소속사에게로 항의하기도 한다. 인터넷 커뮤니티에 불공정하다고 판단이 되는 이슈가 있으면 모르는 관계더라도 힘을 합친다. 가령, 온라인 커뮤니티 '보배드림'에서는 다른 사람에게 불편을 끼치는 '비매너' 주차를 하는 차량이 있으면, 해당 정보를 공유한다. 비매너 주차를 한 차량 옆에 다른 차들이 가까이 주차를 해 해당 차량이 출차하기 어렵게 만드는 '참교육'을 하기도 한다.

또 일상을 넘어 사회 문제에 목소리를 내는 것도 서슴지 않는다. 기업이 기업의 이익이나 대주주를 위한 경영만으로는 사회 전체의 지속 가능한 발전을 이룰 수 없다는 걸 2030 세대는 일찌감치 알았다. 어렸을 때부터 거북이 코에 플라스틱 빨대가 꽂혀 있는 영상을 보면서 갈수록 지구가 뜨거워지는 걸 직접 체험하고 있기에 환경 문제에 민감하다.

미국에서 벌어지는 성차별 문제, 인종차별 문제 등을 인터넷으로 접하고 영상으로 보면서 심각성을 체감하고 나의 문제가 될 수도 있다고 공감한다. 인종차별 문제도 언제든 내가 해외에서 당할 수 있는 일이 될 수 있기 때문이다.

이 때문에 정부뿐 아니라 기업도 사회적 문제를 개선하는 데 지원하려고 노력하는 모습이 보인다면, 2030 세대는 해당 기업과 브랜드에 관한 호감을 드러낸다. 만약 환경 보호에 앞장서는 브랜드가 있다면 그 브랜드의 철학에 공감하고 지지한다는 의미에서 해당 브랜드의 상품을 구매하거나 소셜미디어 활동에 '좋아요'를 누르는 등 응원을 한다. '나와 같은 가치관을 갖는 브랜드다'라는 일종의 표현 방식이다.

신뢰를 추락시키는
계속되는 기업 사고

잠시 공정함과는 다른 신뢰와 기업의 사건 사고에 관한 얘기도 해보려고 한다.

우리는 지난 몇십 년 동안 기업 중심의 자본주의에서 다양한 사고를 목격해왔다. 가장 큰 영향을 끼쳤던 최근의 사고는 서브프라임 모기지 사태였다. 대형 금융기관이었던 리먼 브라더스가 역사상 최대 규모로 파산했고, AIG는 파산 직전 구제금융을 통해 위기를 모면했다.

당시 사태는 금융기관들의 리스크 관리 부실에서 비롯됐다. 초저금리 상황에서 미국 금융회사들은 돈을 벌기 위해 주택 대출을 확대했고 신용과 소득이 낮은 사람에게도 주택 자금을 빌려줬다. 돈을 떼일 리스크가 높은 이들에게는 평상시엔 대출을 잘 내주지 않거나 높은 금리로 대출을 제공한다. 하지만 금융기관들은 무분별하게 대출을 확대한 것에 이어 출처를 확인하기도 어려운 채권을 섞어 리스크가 높은 파생상품을 만들고 투자했다. 위험 위에 위험이 쌓이다 보니 작은 불씨 하나에도 높게 쌓인 위험이 무너져 내리게된 것이다. 초저금리 상황에서 무리하게 수익을 확대하기 위한 금융기관의 탐욕이 이와 같은 결과를 낳았다.

2001년 말 발생한 엔론의 회계 부정 사건도 산업에 큰 충격을 안겨줬다. 엔론은 미국 텍사스주에 본사를 둔 미국 에너지, 물류, 서비스 회사다. 엔론은 파산하기 전인 2000년 매출 1110억 달러를 달성했다고 발표했고, 직원 약 2만 명을 보유할 만큼 규모가 큰 기업이었다. 미국 경제지 《포춘Fortune》은 1996년부터 2001년까지 6년 연속 엔론을 '미국에서 가장 혁신적인 기업'으로 선정했다.

하지만 2001년 말, 엔론은 그동안 재정 상태가 부실했음에도 조직적이고 체계적, 제도적, 창의적으로 회계를 조작했다는 것이 밝혀졌다. 표면적으로 에너지 회사인 엔론은 대규모 시설 투자가 필요했지만, 실제로는 제대로 된 생산시설이 없었다. 엔론은 천연가스와 같은 에너지 실물 시장에 금융의 요소를 도입해 새로운 비즈니스 모델을 만든 것처럼 꾸몄으며 회계 부정이 밝혀지기 전까지 자산과 실적을 부풀려 회사가 안정적인 것처럼 보이게 만들었다. 하지만 결국 엔론의 실체가 밝혀졌고 엔론은 파산 신청을 한 후 2022년 1월 상장폐지가 결정됐다.

이후 2002년에 드러난 미국 월드컴의 회계 부정 사건의 피해 규모는 엔론을 뛰어넘는다. 월드컴은 회사 초창기부터 공격적인 인수합병으로 몸집을 키웠는데, 인수를 위해 마련한 자금은 대부분 대출이었다. 회사 규모를 키워 유리한 조건으로 대출을 받고 회사의 규모를 더 부풀리기 위해 끊임없이 분식회계를 해왔다. 2001년 9.11 테러 이후 미국 경제가 얼어붙으면서 월드컴은 위기에 봉착했으며 내부고발로 인해 회계 부정이 폭로됐다. 월드컴의 파산 규모는 자산 기준으로 1070억 달러로 리먼 브라더스의 파산 기록 이전에 미국 역사상 최대 규모였다.

이외에도 2002년 타이코 인터내셔널의 회계 부정, 2015년 도시바의 회계 부정 등 기업과 경영진의 탐욕은 회사를 휘청이게 만든다. '탐욕은 사람을 장님으로 만든다'는 영국 속담처럼 기업에서 발생하는 금융 사건은 기업이나 높은 지위의 경영진에만 해당하는 건 아니다. 최근 우리 사회에서도 직원이 저지른 횡령 사건을 종종 볼 수 있었다.

2021년에는 오스템임플란트의 자금관리팀 팀장이 2215억 원, 2022년에는 우리은행 직원이 700억 원, 계양전기 직원은 246억 원을 횡령하는 사건이 발생했다. 경찰청에 따르면 지난 2021년 국내 형법상 횡령죄 사건은 5만 386건이 발생, 횡령 규모는 6조 7904억 원에 달한다. 최근 5년간 추이를 보면 해마다 규모에 차이는 있지만 발생 건수는 매해 5만 건을 웃돈다.

이러한 사고를 방지하기 위해 정부는 법을 만들고 감독하며 기업은 회계 감사를 받지만 모든 사건 사고를 막는 건 무리였다. 사람이 하는 일에는 빈틈이 있기 마련이고 탐욕을 가진 사람들은 이 빈틈을 노리기 때문이다. 미국의 재무회계 자동화 프로그램 개발사인 블랙라인의 조사에 따르면 회계를 신뢰하기 어려운 이유 중 1위가 수동 데이터 입력과 사람의 실수다.

결국엔 투명성 강화가 필요

결국 투명성이 필요한 시대다. 지금 시대가 원하는 공정성이란 거짓이 아닌 사실을 얘기하더라도 왜 그러한 결과가 나왔는지, 그 과정을 투명하게 공개하길 바라고 숨기는 정보가 없길 바란다. 이는 비단 SK하이닉스나 다른 대기업 직원들이 성과급 보상 체계를 투명하게 공개하라는 것을 넘어 인사 채용 과정에서의 투명성, 더 나아가서는 인공지능 알고리즘의 투명성, 기업들의 ESG(환경·사회·지배구조) 정보의 투명성을 요구하는 추세다.

정부기관 또는 기업, 단체들이 표면적으로만 공정성을 강화하는지 실제로 그러한 노력을 하고 있는지 보다 면밀하게 확인하고자 하는 것이다. 겉으로만 정의로운 척을 하다가 실제로는 그렇지 않다는 사실이 밝혀지면 소비자들은 오히려 강도 높은 비판을 한다. 실제로는 환경에 피해를 주는 영업 활동을 하지만 그렇지 않은 척하는 '위장환경주의(그린워싱)'가 오히려 소비자를 기만한다며 민감하게 반응하는 이유다.

또한 실수 때문이든 욕심 때문이든 사람에 의해 발생하는 사고와 사건은 사람의 개입을 최소화하고 데이터를 여러 사람이 확인할 수 있도록 투명화하면 줄어들 수 있다. 정보의 투명성을 위해서 법적으로 회계 정보를 공개하도록 하고 있지만 내부에서 정보를 조작한 후에 공개하기 때문에 여전히 회계 부정이나 횡령 사고가 일어나곤 한다.

이에 블록체인을 옹호하는 측에서는 블록체인의 투명성과 자동화를 통해 이러한 조작 자체를 미연에 방지하자는 것이다. 블록체인에 기록된 정보들은 누구나 볼 수 있도록 공개할 수 있으며 위변조하기 어렵다. 오프라인 정보를 블록체인에 기입할 때 조작할 가능성 자체를 막지는 못한다는 한계는 아직 있지만, 한번 기록된 걸 수정하기는 어렵다. 데이터 처리도 스마트 계약을 통해 자동화하면 사람이 개입하는 걸 막을 수 있다.

투명성이 개선된 사회는 신뢰도가 높아진다. 이전 세대가 민주주의를 이루면서 시민들에게 권력과 권한, 자유를 안겨주면서 사회 전반적으로 예전보다는 신뢰가 개선됐지만, 앞서 에델만의 글로벌 신뢰도 조사를 보면 여전히 신뢰가 높은 사회는 아니다. 이러한 상황을 고려해보면, 신뢰를 위한 투명성 개선을 위해 여전히 나아가야 할 부분이 있다는 걸 보여준다.

20, 30대가 원하는 사회를 요약해보면 아래와 같다.

- 사회의 불확실성이 커지면서 20, 30대는 나를 지켜야 한다는 본능이 강하다.

- 이들이 원하는 공정은 과정의 투명성, 정보의 투명성이다.
- 끊임없이 발생하는 기업의 회계 부정과 개인의 횡령 사고를 방지하기 위해서는 데이터의 투명성과 자동화가 필요하다.

현대 사회는 결국 조직의 투명성을 원한다. 정보와 과정과 결과를 투명하게 공개할수록 서로 신뢰할 수 있다. 투명성에 자동화를 더해 인간의 실수와 탐욕을 조직에서 제거할 수 있다. 이는 블록체인 기반 DAO의 모습이기도 하다.

9장

다양한 방식으로
일을 하는 시대

주 5일 근무제, 하루 8시간 근무는 1926년 자동차 제조사인 포드모터컴퍼니에서 처음 도입했다. 이전엔 일주일 중 일요일 하루만 쉬는 주 6일 근무제였다. 주 5일 근무제 도입 당시 회의적인 시각도 있었으나, 포드모터컴퍼니의 창업자인 헨리 포드는 동일 임금으로 5일 근무하면 노동자들은 더 열심히 일해서 생산성이 향상될 것이라고 주장했다. 헨리 포드의 말대로 근로자들의 생산성은 향상됐으며 이후 주 5일 근무제가 자리 잡았다.

주 5일 근무제가 자리 잡은 지 약 100년이 지난 지금, 그동안 오전 9시~오후 6시 근무, 주 5일 근무, 사무실 출근 등의 고정적인 근무 형태도 점차 다양화되고 있다. 정형화된 근무 방식을 선호하는

사람이 있는 반면 자신이 원하는 곳에서 원하는 시간에 근무하길 원하는 사람도 있다. 또는 어딘가에 종속되는 것 자체를 싫어하는 사람도 있다.

과거에는 다양한 형태의 근무 방식을 원하더라도 그렇게 하지 못하는 경우가 많았다. 사무실로 출근해야만 컴퓨터로 작업을 하고 동료들과 회의를 할 수 있기 때문이다. 자본주의 사회에서 삶을 유지하기 위해서는 경제 활동을 해야만 하고, 경제 활동을 위해서는 대부분의 기업들이 정해놓은 업무 방식에 따라야 했다.

하지만 기술의 발전으로 인해 물리적 제약에서 자유로워졌다. 세계 어디를 가든 인터넷이 연결되어 작업할 수 있는 곳이 늘어났고 화상 회의를 통해 직장 동료와 상사를 반드시 대면할 필요도 없어졌다. 이러한 업무 환경과 방식은 코로나 팬데믹 이후 급속도로 확대됐다. 코로나 확산을 방지하기 위해 각 정부는 이동제한령이나 봉쇄령을 내리면서 사무실로 출근하지 못하는 상황이 몇 개월간 이어지자, 생산 활동을 멈출 수 없었던 기업들은 임직원들이 재택근무를 할 수 있는 방식을 빠르게 도입했다. 급기야 물리적인 사무실을 완전히 없애고 메타버스에만 존재하는 가상 오피스를 운영하는 회사도 등장했다.

코로나 팬데믹이 어느 정도 완화된 상황이 왔지만, 재택근무가 업무 효율성을 크게 떨어뜨리지 않는다는 걸 인지한 기업과 근로자들은 사무실 출근과 재택근무를 합친 근무 형태를 도입하기도 했다.

이렇게 기술의 발전과 코로나 팬데믹은 근무 방식을 다양화하는 데 많은 영향을 미쳤다. 포드모터컴퍼니가 정했던 주 5일 근무제 방식에서 현재의 근무 방식으로 바뀌어온 변천사는 앞으로도 일하는 방식이 계속 바뀔 수 있다는 걸 시사한다.

내가 원하는 곳에서
일하는 디지털 노마드

디지털 기기를 이용해 원하는 곳에서 자유롭게 일하는 사람인 디지털 노마드(디지털 유목민)도 코로나 팬데믹 이후 빠르게 증가하고 있다. 프리랜서와 기업을 연결하는 플랫폼인 MBO파트너스의 리포트에 따르면 미국에서 디지털 노마드는 2019년 730만 명에서 2021년 1550만 명으로 2년 만에 약 두 배 증가했다. 팬데믹 이후 더 많은 사람들이 물리적인 장소 제약에서 벗어나고 원격근무가 가능한 라이프 스타일을 선택하고 있다.

온라인 여론조사 기관 퀼트릭스의 리포트에 따르면 새로운 일자리를 찾는 직장인 중 80%는 다음 일자리를 선택할 때 어디서든 일할 수 있는 환경을 제공하는 것을 중요하게 생각한다.

이에 재택근무 또는 원격근무를 지원하는 기업들도 등장했다. 미국의 차량 호출 플랫폼 리프트, 숙박 공유 플랫폼 에어비앤비 등은 원격근무 환경을 지속하고 있다. 3M은 '워크 유어 웨이Work Your Way(당신의 방식으로 일하는 방법)'이라는 근무 정책을 정했다. △사무실 중심으로 근무 △하이브리드 근무 △원격근무 등 세 가지 근로 방식을 도입해 직원들이 선택해 근무할 수 있다. 음악 스트리밍 플랫폼 스포티파이는 '일은 당신이 어디 가는 것이 아니라 당신이 하는 것이다work isn't somewhere you go, it's something you do'라고 말하기도 했다.

국내 기업 중 일부는 일work과 휴가vacation의 합성어인 '워케이션' 제도를 도입하기도 했다. 직원이 자신이 원하는 장소의 호텔이나 리조트에서 근무 시간에는 일을 하고 근무 시간이 끝나면 자유롭게 시간을 보내는 제도다. 호텔과 리조트 비용은 회사가 대고, 직원은 휴양지에서 시간을 보내지만 휴가 소진이 아니라 근무 시간에 일을 하기 때문에 출근으로 인정해준다.

한곳에서 고정된 근무 환경이 아닌 다양한 방식의 근무 환경을 원하는 사람들이 늘어나는 건 소유의 가치보다는 경험의 가치를 더 중요하게 여기는 트렌드의 영향도 있다. 특히 밀레니얼을 중심으로 값비싼 명품 브랜드나 스포츠카에 돈을 지출하기보다는 여행, 암벽등반, 콘서트 등 자신만의 특별한 경험에 투자하는 걸 선호하는 추세가 강해지고 있다. 이들은 의미 있고 행복한 삶은 사회적 지위보다는 경험을 통해 추억을 만들고 공유하는 것이라고 생각한다. 미국 이벤트 관리 및 티케팅 웹사이트인 이벤트브라이트의 설문조사에 따르면, 미국인 밀레니얼 세대의 78%는 무언가를 사는 것보다 경험하기 위한 지출을 선택할 것이라고 답했다. 밀레니얼 세대의 55%는 이전보다 경험을 위한 지출이 더 늘었다고 답변했다.

소유의 가치를 더 중요하게 여기다 보면 한곳에 정착해야 한다. 하지만 이들은 소유보다는 다양한 문화와 사람, 장소를 경험하고자

하는 니즈가 더 강해 큰 거부감 없이 디지털 노마드를 선택하는 사람이 늘어나는 것이다.

디지털 노마드의 증가로 디지털 노마드를 위한 새로운 비자를 만드는 국가들도 있다. 디지털 노마드는 몇 개월 동안 자신의 국가가 아닌 다른 국가에서 머무르는데 이때 대부분 여행 비자를 받는다. 여행 비자는 오랫동안 해당 국가에 머물지 못하기 때문에 디지털 노마드는 본인이 체류하는 국가의 국경을 넘어 다른 국가를 방문했다가 다시 체류하는 국가로 돌아오는 등의 방식을 활용한다. 비자 때문에 비용과 시간이 드는 비효율적인 방법이다. 또한 세금이나 보험 등의 문제도 해결해야 할 부분이 많다.

아랍에미리트는 2021년 3월 디지털 노마드를 비롯한 원격근무자에게 1년간 거주를 허가하는 비자 프로그램을 발표했으며 인도네시아는 디지털 노마드족에게는 5년간 효력 있는 비자를 개발 중이다. 에스토니아, 조지아 등 유럽의 몇몇 국가는 디지털 노마드를 위한 특별 비자를 도입했다.

디지털 노마드의 비자 문제를 간편하게 해결하기 위해 인터넷 국가인 플루미아Plumia 건국을 위한 움직임도 있다. 플루미아가 성공적으로 건국이 된다면, 플루미아는 구독 서비스처럼 시민권을 제공할 예정이며 디지털 노마드가 가장 걱정하는 헬스케어, 연금, 수입보호 등과 같은 사회보장제도도 마련할 예정이다. 플루미아 시민권을 획득한 사람들은 플루미아에 세금을 내게 된다. 현재 5000여 명이 가입을 신청한 상태다.

국가 차원이 아닌 도시 차원에서도 늘어난 디지털 유목민을 모시기 위한 캠페인을 펼치기도 한다. 이탈리아의 토스카나 지역에 있는 폰트레몰리Pontremoli는 7300명이 사는 작은 동네다. 이 동네는 지난 몇 년간 일자리를 찾아 주민들이 마을을 떠나 더 큰 도시로 가는 것을 경험한 후, 지역 경제를 살리기 위해 디지털 노마드를 마을로 유인하기로 했다. 원격근무자들이 정착할 곳을 찾기 위해 마을을 방문할 때 무료로 투어를 시켜주고 학교 직원, 부동산 중개인, 지역 관리인 등과의 만남도 주선한다.

사이드 프로젝트,
회사가 아니어도 내가 원하는 일을 한다

새로운 노동의 형태는 사이드 프로젝트로도 이어진다. 디지털 노마드가 근무하는 곳과 시간을 개인이 자유롭게 결정하는 것이라면, 사이드 프로젝트는 근로자가 현재 자신이 소속된 회사의 업무 외적으로 남는 시간에 다른 일과 활동을 하는 걸 말한다.

회사 업무 외에 다른 일을 하는 이유는 크게 두 가지로 볼 수 있다. 월급 외에 더 많은 수익을 위해서, 그리고 자신만의 적성이나 취향을 발휘하기 위해서다.

전자의 경우 불안감이 가장 큰 이유다. 회사가 나의 미래를 보장하지 못할 것이고 언젠가 일자리를 잃을 수도 있다는 불안감, 회사 월급만으로는 내가 원하는 규모의 자금을 마련할 수 없을 것이라는 불안감이다. 앞에서도 봤듯이 밀레니얼 세대와 Z세대는 자신의 부모 세대들이 명예퇴직 등으로 직장을 잃는 걸 목격했다. 그리고 예전만큼 높은 성장률을 경험할 수 없는 세대다. 과거 세대가 열심히 직장 생활만 하고 돈을 모아도 안정적인 집 한 채를 마련하고 노후를 대비할 수 있었다면, 지금의 MZ세대들은 회사 월급만으로 집을 마련할 수 있을지, 노후를 대비할 수 있을지조차 불투명하다. 그래서 지금 돈을 벌 수 있는 신체 능력이 될 때 여러 수익 활동을 통해 조금이라도 더 많은 자금을 마련하려는 것이다.

그리고 하루라도 빨리 많은 돈을 벌어 회사를 은퇴하는 '파이어족'을 꿈꾸기도 한다. 이에 코로나 팬데믹 시기에 개인 투자자가 빠르게 늘어났고 네이버 '스마트스토어' 등을 통해 부수입을 마련할 수 있는 방법들이 주목을 받았다.

반드시 수익 목표 때문만은 아니더라도 회사 업무 외에 자신의 또 다른 능력과 기술을 개발하고 새로운 기회를 탐색하기 위해 사이드 프로젝트를 실행하는 경우도 많다. 회사에서는 각자 위치에 따라 주어진 역할이 분명하고 이를 따라야 하기 때문에 주어진 업무 외에 다른 능력과 기술을 탐색해보기에는 한계가 있다. 현재 자신이 맡은 업무가 본인과 잘 맞지 않더라도 말이다.

사이드 프로젝트는 당장의 수익이 나지 않고 설사 실패로 끝나더라도 무언가 도전하고 실행하면서 새로운 능력을 탐험해볼 수 있는 기회다. 대부분의 사이드 프로젝트는 작은 규모로 시작하기 때문에 실패하더라도 규모가 작다. 이를 통해 자신의 새로운 적성을

126

찾을 수도 있고 회사에서는 키우지 못한 사업적인 커뮤니케이션이나 기업가적 창의력, 또 다른 능력을 배울 수 있다.

직장에서 매일 반복되는 업무를 새롭게 바라볼 수 있는 기회도 생긴다. 실제 사업으로 연결되는 경우도 많다. 이에 구글에서는 업무 외에 개인의 관심사에 따른 사이드 프로젝트 진행을 긍정적으로 보고 '구글의 20% 정책'을 시행했다. 업무 시간의 20%를 회사 일이 아닌 개인 프로젝트에 투자할 수 있도록 하는 정책이다. 이 정책을 통해 구글 지메일과 구글 뉴스, 번역 등의 서비스가 탄생했다.

크리에이터의 삶, 그리고 퍼스널 브랜딩

때로는 회사의 종속을 완전히 떠나서 크리에이터를 비롯한 프리랜서의 삶을 선택하는 경우도 많다. 회사의 월급이 아니더라도 돈을 벌 수 있는 방법은 다양하게 늘어났으며 관련 서비스와 플랫폼도 등장한 덕분이다.

가장 대표적인 플랫폼이 유튜브와 인스타그램, 틱톡 등이다. 자신만이 알고 있는 노하우가 있다면 영상으로 만들어 유튜브에 올려 인기 유튜버가 될 수 있다. 춤이나 패션, 노래 등 자신만의 끼가 있다면 이를 촬영하고 콘텐츠로 만들어 인스타그램, 틱톡 등에 올릴 수 있다. 유명 인플루언서가 되면 다양한 브랜드와의 협업을 통해 수익을 낼 수 있는 구조다. 물론 수많은 크리에이터 중 유의미한 수익을 낼 수 있는 경우는 상위 크리에이터 일부에 불과하지만 여전히 많은 사람이 유명 유튜버, 인플루언서를 꿈꾸고 도전한다.

이미 부업이나 투자 노하우를 알려주는 유튜브 채널, 재미난 입담으로만으로도 많은 구독자를 모은 유튜브 채널, 여행 콘텐츠를 만드는 여행 크리에이터, 자신만의 감각적인 취향을 잘 드러내는 브이로그 채널과 인스타그램 인플루언서, 다양한 재미난 상황을 꾸미는 틱토커 등 다양하다.

이들을 관리해주는 기획사들이 등장할 정도다. SM엔터테인먼트와 모델 에이전시 에스팀이 협력해 인플루언서를 관리하는 '스피커'는 분야별로 인플루언서를 발굴하고 인큐베이팅하는 것은 물론 이들을 기반으로 브랜드와 콘텐츠 사업을 영위하고 있다. 이외에도 샌드박스네트워크, 트레져헌터 등도 있다.

최근 개인 스스로를 브랜드화하는 '퍼스널 브랜딩'도 함께 인기다. 유명 크리에이터나 인플루언서가 아니더라도 본인의 전문 분야를 활용해 새로운 콘텐츠를 만들거나 회사 업무 외에 협업을 진행하는 등 다양하게 활용할 수 있기 때문이다.

소셜미디어나 유튜브 등을 통해 자신의 노하우를 알리고 인지도와 영향력을 높일 수 있게 된 덕분이다. 이를 통해 더 좋은 직장으로 이직하거나 궁극적으로는 회사에 의지하지 않고도 수익을 낼 수 있는 단계로 발전하면 앞서 언급한 '파이어족'이 되는 등 다양한 기회를 넓힐 수 있게 된다.

퍼스널 브랜딩에 관한 책 《오늘부터 나는 브랜드가 되기로 했다》(웨일북, 2021)를 쓴 김키미 작가는 퍼스널 브랜딩이 주목받는 이유에 관해 이렇게 분석했다.

"'진정한 나를 찾고 싶다'라고 자각하는 사람이 늘었다. 몇 년 전까지만 해도 출판 시장에서 '퇴사'라는 단어가 붐이었다. 그다음에 '워라밸', '일잘러' 키워드로 이어졌다. 자신보다 일과 조직을 더 중시했던 사람들이 나를 위해서 일하는 시대로 변하고 있는 거다. 이제는 회사를 벗어나는 게 문제가 아니다. 조직 안에서 일하느냐, 조직 밖에서 하느냐는 선택하기 나름이다."

결국 이러한 움직임은 내가 원하는 시간에 자율적으로 근무하는 자기 주도적인 삶을 찾기 위한 것이라고도 볼 수 있다. 직장보다는 내 삶을 더 중요하게 여기고 '평생 직장'의 개념이 사라진 셈이다. 내가 원하는 곳에 원하는 일이 있다면 언제든 움직이고 참여하기를 마다하지 않는 것이다.

다양한 방식으로 일하는 시대를 요약해보면 다음과 같다.

- 일하는 방식은 기술의 발전과 근로자들의 생각 변화로 인해 다양화되고 있다.
- 내가 원하는 곳에서 원하는 시간에 일하기를 원하는 디지털 노마드가 등장했다.
- 직장 밖에서 내가 원하는 일들을 다양하게 시도해보는 사이드 프로젝트의 인기가 높아졌다.
- 회사가 아니더라도 나의 가치를 높이고 나의 정체성을 찾기 시작했다.

오전 9시부터 오후 6시까지 사무실에서 근무하는 방식의 일이 완전히 사라지지는 않을 것이다. 다만 전체 일자리에서 차지하는 비율은 줄어들고 근무방식과 형태, 개인이 돈을 버는 방식은 지금보다 다채로워질 것으로 예상된다. 그 수단으로 DAO가 자리 잡을 수 있다. 그동안 많은 일자리를 창출하던 조직의 역할을 DAO가 할 수 있으며 DAO는 정해진 기준이 없기에 지금과는 다른, 다양한 형태의 일자리를 만들어낼 수 있는 여지가 있다.

변화하는 사회와 DAO

2부에서는 변화하는 시대의 모습을 살펴봤다. 최근 사람들은 다음과 같은 사회를 원한다.

- 느슨한 연대의 커뮤니티
- 소수의 주체가 주도하는 구조가 아닌 권력과 권한이 분산된 구조
- 과정과 정보에 관한 투명성
- 갑과 을의 전통적인 방식으로 일하는 것이 아닌 다양한 방식으로 나의 가치를 높일 수 있는 다양한 수익화 채널

이는 앞서서 살펴본 DAO의 특징이기도 하다. DAO는 암호화폐나 NFT를 통해 특별한 승인 절차 없이 누구나 들어오거나 나갈 수 있다(느슨한 연대의 커뮤니티). DAO 구성원들이 공평하게 권한을 나

130

누고 DAO에 기여한 만큼 수익을 가져갈 수도 있다(권력과 권한이 분산된 구조). 블록체인의 스마트 계약을 통해 DAO 구성원들이 정한 규칙과 계약들이 설정한 대로 자동으로 돌아가게 되고 스마트 계약과 내용들은 오픈 소스이기 때문에 누구나 확인 가능하다(높은 투명성). 참여자에 따라서는 여러 DAO에서 동시에 활동하고 이를 통해 돈을 벌 수 있는 구조다(다양한 방식으로 일하고 돈을 버는 사회). DAO가 현재의 조직과 커뮤니티를 모두 대체하지는 않겠지만, DAO 방식의 조직, 커뮤니티가 생겨남으로써 다양한 기회와 채널이 열리게 되는 셈이다.

▸ DAO 이해를 위해 알아야 할 용어들

블록체인 생태계에서 조직, 커뮤니티를 말하는 DAO를 이해하기 위해서는 블록체인과 관련된 전반적인 용어를 알아두면 좋다. 블록체인이 등장한 지 약 10년 정도로 여전히 블록체인 용어들은 대중에게 친숙하지 않고 개념 또한 추상적이다. 계속 새로운 용어들이 등장하기에 이해에 어려움이 많다. 본격적으로 다양한 DAO를 살펴보기 전에 이해를 돕기 위해 블록체인과 관련된 용어들을 짚고 넘어가고자 한다. 순서는 이해하기 쉽도록 큰 범위에서 좁은 범위로 좁혀가는 방식으로 구성했다.

블록체인 생태계 관련 용어

웹3.0 Web3.0

웹1.0은 사용자가 온라인 정보를 '읽기'만 가능했던 인터넷, 웹2.0은 공급자와 사용자 모두가 온라인에 콘텐츠를 '생산'하고 '읽고', '공유'하는 등 참여가 가능해진 인터넷을 말한다. 웹1.0이 단방향 커뮤니케이션의 인터넷이었다면 웹2.0은 웹1.0보다 진화한 양방향 커뮤니케이션의 인터넷이라고 볼 수 있다.

웹3.0은 웹2.0에서 더 진화한 것으로, 블록체인을 통해 개인의 데이터 소유가 가능해진 인터넷을 말한다. 웹2.0은 개인이 생산한 콘텐츠는 구글이나 네이버 등 인터넷 플랫폼 기업의 서버에 저장됐지만, 웹3.0은 데이터가 블록체인에 저장되며 데이터에 관한 소유권을 개인이 갖고 누구나 그 데이터의 소유자가 누구인지를 확인할 수 있다.

메인넷 Mainnet

이더리움이나 이오스, 폴리곤 등 기존에 나온 블록체인 네트워크를 활용하는 것이 아니라 블록체인 프로젝트가 독자적으로 개발한 블록체인 네트워크다.

각각의 블록체인 네트워크마다 스마트 계약을 수행하는 방식이나 거래 속도, 수수료 등이 차이가 나기 때문에 블록체인 프로젝트들은 각자 가장 적합한 기존 블록체인 네트워크를 활용하거나 독립적인 메인넷을 구축하기도 한다. 예를 들어 이더리움 거래 수수료인 가스비가 비싸 이를 절감하기 위해 자체 메인넷을 구축하는 경우도 있다.

기존 블록체인 네트워크를 활용해 발행한 암호화폐를 '토큰', 메인넷을 구축해 발행한 암호화폐를 '코인'이라고 부른다. 암호화폐를 통칭할 때는 토큰, 코인을 구분 없이 사용한다.

디파이 DeFi, Decentralized Finance

탈중앙화된 금융이라는 의미로, 블록체인 기반으로 작동하는 금융 서비스를 말한다. 예금, 대출, 환전, 투자 등 기존 금융 서비스가 은행이나 증권사 등 금융기관의 중개를 통해 이뤄졌다면 디파이는 블록체인의 스마트 계약을 통해 금융 서비스가 이뤄진다.

133

원, 달러, 유로 등 기존 법정 통화가 아닌 가상자산을 통해 금융 서비스가 운영된다. 거래 내역은 블록체인에 기록되기 때문에 위변조가 어려워 디파이 서비스 사용자 간 사기 행각이 벌어지거나 조작할 가능성이 낮다고 판단되어 디파이 서비스 이용을 위한 신원 확인이 필요 없다.

만약 A가 1억 원 가치로 평가받는 NFT를 담보로 B로부터 10개의 이더리움을 빌렸고, 3개월 후에 이더리움을 갚기로 약속했다고 가정해보자. A가 기한 내에 B에게 이더리움을 갚지 못한다면, 담보 잡힌 NFT는 B의 소유가 된다는 약정을 걸었다. 이 거래가 'C 디파이' 플랫폼에서 이뤄졌다고 가정해보면, A와 B는 서로 누구인지 알 필요는 없다. C 디파이 플랫폼은 A가 실제로 1억 원 가치로 평가받는 NFT를 보유하고 있는지, B가 실제로 10개의 이더리움을 보유하고 있는지만 확인하고 계약을 체결하면 된다. A가 기한 내에 이더리움을 잘 상환한 것이 확인되면 해당 계약은 종료되고, 만약 갚지 못하게 된다면, C플랫폼은 A 소유의 NFT가 B에게로 전송되도록 설정하면 된다.

NFT Non-Fungible Token

대체 불가능한 토큰으로 블록체인 기술을 활용해 디지털 자산의 소유주를 증명하는 토큰이다. NFT는 디지털 파일인 그림, 영상, 사진, 글 등이 저장된 곳을 가리키는 주소와 NFT 생성자, NFT 소유자 등의 내용을 기록한다. NFT는 각각 일종의 일련번호, ID가 있다. 일련번호, ID가 동일한 NFT는 존재하지 않으며, 이 때문에 고유성을 지닌다고 말한다.

P2E Play to Earn

게임을 하면서 돈을 번다는 의미다. 사용자가 게임을 하면서 획득한 아이템들은 NFT나 암호화폐 등의 가상자산 형태로 블록체인에 기록되어 소유자를 명확히 할 수 있다. 즉 사용자들이 게임을 즐기면서 동시에 가상자산을 획득해 수익을 창출할 수 있는 게임이다.

P2E는 즐기기 위한 게임이 아닌 사용자들의 수익 창출에만 초점이 맞춰진다는 지적에, 최근에는 Play and Earn이라는 용어를 사용하기도 한다.

DApp Decentralized Application

블록체인을 활용해 개발한 탈중앙화 애플리케이션을 말한다. 사용자 입장에서는 일반 애플리케이션 화면과 크게 다르지 않지만, 블록체인 네트워크와 스마트 계약을 활용한다.

DAO Decentralized Autonomous Organization

탈중앙화된 자율조직의 약자. 조직에서 구성원들이 자율적으로 의견을 제시하고 투표를 통해 조직의 방향성, 운영 정책 등이 결정되는 조직을 말한다. 구성원들은 토큰을 보유한 사람들이며, 토큰 보유 비율에 따라 투표권이 보장되는 경우가 많다. 최근엔 보다 공평한 의사 결정을 위해 토큰 보유 비율 외에 다른 방식을 시도하는 경우도 있다.

조직에서 결정된 내용은 스마트 계약을 통해 진행되며 오픈 소스를 기본으로 하기 때문에 운영 과정은 투명하게 공개된다. 구성원들은 조직에 기여하는 정도에 따라 보상을 받을 수 있다.

135

스마트 계약Smart contract

계약 조건과 내용을 프로그래밍해 계약 조건이 충족되면 자동으로 계약이 이행되는 시스템을 말한다. 이 시스템은 블록체인 기술을 활용해 프로그래밍된다. 이 때문에 스마트 계약 내용은 오픈 소스로 누구에게나 공유할 수 있다.

노드Node

블록체인은 데이터를 처리할 때 네트워크 참여자들의 합의를 통해 처리가 되는데, 이때 네트워크 참여자들을 노드라고 한다. 이 참여자들은 네트워크에 참여하는 컴퓨터, 서버 등이다.

가스비Gas Fee

이더리움 네트워크상에서 스마트 계약이 이뤄지거나 데이터 전송, 거래가 이뤄질 때 네트워크 사용 수수료를 내게 되는데, 이를 가스비라고 한다.

이더리움을 비롯한 블록체인상에서는 데이터 전송, 거래가 이뤄질 때는 블록체인 네트워크 참여자들의 연산 작업이 필요하다. 이에 데이터 전송을 요청하는 사용자가 가스비를 지불하고, 이 가스비가 네트워크 참여자들에게 보상으로 사용된다. 가스비는 네트워크 상황에 따라 유동적이다. 네트워크 사용량이 많아지면 가스비는 높아지고 사용량이 적으면 가스비는 낮아진다. 가스비 변동을 통해 특정 주체의 네트워크 오남용을 방지한다.

가상자산 거래소

　암호화폐 등을 거래할 수 있는 거래소를 가상자산 거래소라고 한다. 보통 많이 사용하는 업비트, 빗썸 등과 같은 가상자산 거래소는 중앙화된 거래소로 Centralized Exchange, 줄여서 CEX라고 부른다. CEX는 법정화폐와 암호화폐 교환이 가능하며 호가창(오더북) 방식으로 암호화폐 가격이 책정된다. 또 거래명세를 거래소 내부 데이터베이스에 저장한다.

　반면 개인 간 금융 거래 방식인 탈중앙화 거래소는 Decentralized exchange, 줄여서 DEX라고 부른다. 유니스왑, 스시스왑 등이 있다. DEX는 암호화폐끼리 교환이 가능하며 스마트 계약 기술을 통해 알고리즘으로 가격이 결정되고 거래가 매칭된다. 거래는 운영 주체(거래소 개발사)의 개입 없이 블록체인을 통해 개인 간 직접 체결된다.

토큰 관련 용어

토큰Token

　토큰은 원래 다양한 의미를 가지고 있으며, IT에서 사용하는 용어로는 특별한 정보를 담은 암호화 데이터를 의미한다. 블록체인에서 말하는 토큰은 암호화폐를 말한다. 즉, 화폐처럼 사용할 수 있는 정보를 담은 암호화 데이터이며, NFT의 경우 다른 것으로 대체할 수 없는 특별한 정보를 담은 암호화 데이터라고 볼 수 있다.

이더리움

이더리움은 러시아 출신 캐나다 개발자 비탈릭 부테린이 만든 블록체인 기술이다. 이더리움 블록체인의 특징 중 하나가 스마트 계약이다. 스마트 계약을 활용해 다양한 계약을 설정해 이더리움 기반의 여러 블록체인 서비스들을 만들 수 있다.

이더리움 블록체인에서 활용되는 암호화폐는 '이더(ETH)'이지만, 이더리움으로 불리기도 한다. 이더리움 블록체인에서 새로운 블록이 끊임없이 생성될 수 있도록 참여하는 이들에게 이더리움이 보상으로 제공된다.

스테이블 코인 Stable Coin

코인의 가격이 일정하게 유지되도록 설계한 암호화폐. 1코인당 1달러의 가치를 갖도록 설계한 경우가 가장 많다. 대부분 코인을 1개 발행할 때마다 코인 발행사가 1달러를 예치하는 방식을 통해 코인의 가치를 유지하도록 만든다.

민팅 Minting

그림이나 이미지, 영상 등의 디지털 파일을 NFT로 발행하는 걸 민팅한다고 말한다. NFT로 발행한다는 건 디지털 파일과 디지털 파일에 관한 정보(창작자, 소유자, 거래 내역 등)를 블록체인에 기록하는 것을 의미한다. 민팅을 해야 디지털 파일이 NFT가 되는 것이다.

드롭, 에어드롭

드롭은 NFT를 다른 사람에게 판매하기 위해 마켓플레이스에 처음 올리는 걸 말한다. 민팅한 후에 드롭을 할 수 있다.

에어드롭은 무료로 NFT나 암호화폐 등을 배포하는 걸 말한다. 보통 새로운 프로젝트를 홍보하기 위해 에어드롭 이벤트를 진행한다.

리스팅Listing

암호화폐를 불특정 다수가 거래할 수 있도록 거래소에 상장하는 걸 말한다.

홀더Holder

암호화폐나 NFT 등을 보유한 사람. 암호화폐 장기투자자를 호들러(hodler)라고 부르기도 한다. '잡다(hold)', '보유자(holder)'의 오타에서 유래한 명칭이다.

소각

일명 버닝Burning. 암호화폐나 NFT 등 가상자산을 더 이상 사용할 수 없게 만드는 일. 가상자산을 불태워서 더 이상 쓸 수 없게 만드는 것과 같다고 해서 소각, 또는 버닝이라고 말한다.

소각하는 이유는 다양하다. 가상자산의 유통량을 줄여 가치를 올리고자 할 때 소각하기도 하며, 가상자산을 목표량만큼 판매하지 못해서 발생한 미판매분을 소각하기도 한다.

로열티 | Royalty

NFT의 경우 2차 거래가 일어났을 때 NFT 창작자가 얻을 수 있는 수익을 로열티라고 한다. 로열티를 5%로 설정한 NFT가 만약 2차 거래에서 100만 원에 판매가 되면 NFT 창작자는 5만 원의 수익을 얻을 수 있다. 로열티 비율은 NFT를 발행할 때 창작자가 설정할 수 있으며 한 명의 창작자 외에 여러 명이나 특정 조직을 추가로 지정할 수 있다.

스테이킹 | Staking

기존 금융 서비스의 '예금'과 비슷하다고 볼 수 있다. 코인을 일정기간 어딘가에 예치하면 기간과 예치율에 따라 코인을 이자처럼 받을 수 있다. 모든 코인이 가능한 것은 아니며, 코인 채굴방식 중 지분증명 방식을 활용하는 코인만 가능하다.

지분증명 방식, 작업증명 방식

블록체인은 새로운 데이터가 처리되기 위해 새로운 블록이 생겨야 한다. 새로운 블록이 생기기 위해서는 새로운 블록이 정당한지 네트워크 참여자들의 인증 작업을 거쳐야 한다. 이때 인증 방식에 따라 지분증명 방식과 작업증명 방식으로 나뉜다.

인증 작업을 할 때 컴퓨터의 연산력을 활용하게 되면 '작업증명PoW, Proof of Work'이라고 한다. 연산력이 빠른 컴퓨터를 보유할수록 많은 보상을 가져갈 수 있다.

'지분증명 방식PoS, Proof of Stake'은 암호화폐의 지분을 더 많이 보유할수록 블록체인 인증 권한이 더 높은 증명방식이다. 지분증명에 참여하기 위해서는 암호화폐를 단순히 보유하고만 있는 것이 아니라 블록체인 소프트웨어를 설치하고 네트워크에 맡기는(스테이킹) 작업이 필요하다. 인증방식에 참여하기 위해서는 참여자들의 컴퓨팅 파워를 사용하거나 추가 작업이 필요하므로, 블록체인은 참여자들에게 코인을 통해 보상을 해준다. 이를 채굴이라고 한다.

크립토 월렛Crypto Wallet

암호화폐, NFT 등 가상자산을 보관하고 관리하기 위해 사용하는 일종의 지갑, 은행계좌와 같은 역할을 한다. 크립토 월렛마다 고유의 지갑 주소가 있다. 지갑 주소는 공개되지만, 지갑 주소의 소유자가 본인의 신원을 직접 밝히지 않는한 소유자가 누구인지는 알지 못한다.

블록체인 네트워크 종류에 따라 가상자산을 보관하는 크립토 월렛을 별도로 생성해 만들어야 한다. 최근에는 기술 개발로 블록체인 네트워크가 달라도 보관할 수 있는 기능을 제공하기도 한다.

멀티시그 월렛Multi-Signature Wallet

크립토 월렛은 보통 단일 서명을 통해 암호화폐를 출금할 수 있지만, 멀티시그 월렛은 다중 서명을 통해 출금이 가능하도록 만든 것이다. 쉽게 말해, 지갑의 비밀번호를 하나만 만든 것이 아니라 여러 개 만들어 여러 명이 비밀번호를 입력해야 출금이 가능한 방식이다. 예를 들어 3명 중 2명이 크립토 월렛에 비밀번호를 입력해야만 출금이 가능한 지갑이라면, 3명 중 1명이 몰래 출금하는 걸 방지할 수 있다.

블록체인 프로젝트를 처음 시작할 때 불특정 다수의 투자자들로부터 초기 개발 자금을 모금하기 위해 투자금을 받고 암호화폐를 발행해 배분하는 행위를 말한다. 보통 백서를 통해 블록체인 프로젝트와 암호화폐를 만든 목적, 운영 방식, 전망 등을 공개하고 투자자를 모집한다.

토크노믹스 Tokenomics

토큰과 경제학Economics의 합성어로, 토큰(암호화폐)을 통해 경제 시스템을 만드는 걸 말한다. 표준화된 방식은 없지만, 블록체인 서비스 사용자는 블록체인 생태계에 기여하면 보상으로 토큰을 획득하고, 사용자가 블록체인 서비스 이용을 위해 다시 토큰을 사용하면서 토큰의 유통을 일으켜 토큰 가치 하락을 방지하는 시스템이 주로 적용된다.

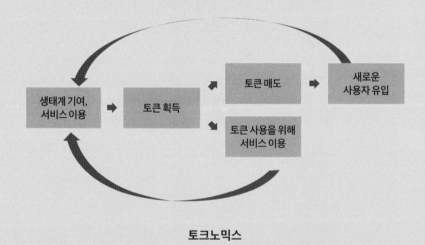

토크노믹스

142

DAO, 블록체인 커뮤니티 관련 용어

거버넌스 Governance

거버넌스는 다양한 의미로 사용되기 때문에 정의하기가 쉽지는 않다. '다양한 행위자가 공동의 관심사에 관한 네트워크를 구축하여 문제를 해결하는 새로운 국정운영의 방식'이라는 정의에서 '국정운영'을 '블록체인 커뮤니티'로 바꾸면 블록체인에서 의미하는 거버넌스와 비슷하다.

블록체인 커뮤니티 및 조직, 즉 DAO의 구성원은 토큰(암호화폐, NFT 등)을 보유한 사람들이다. 조직의 규칙 또는 절차를 포함한 운영 구조를 변경해야 하거나 새로운 규칙을 정해야 할 때는 구성원들의 합의가 필요하며 이러한 결정 구조, 메커니즘 전체를 거버넌스라고 한다.

거버넌스 토큰 Governance Token

거버넌스 참여자를 구분할 수 있는 암호화폐, NFT 등을 말한다. 블록체인 프로젝트에 따라서는 블록체인 서비스에서 화폐처럼 사용되는 토큰, 그리고 거버넌스를 위한 토큰이 별도인 경우도 있으며, 통용되는 경우도 있다.

트레저리 Treasury

트레저리는 금고라는 의미로, DAO 조직에서 가지고 있는 토큰, 또는 DAO 운영을 위해 쌓아둔 자금을 말한다.

스냅샷Snapshot

특정 시점에 크립토 월렛 안에 특정 NFT나 암호화폐 등이 얼마나 들어 있는지를 기록하는 것. 만약에 BAYC NFT를 2개 이상 보유하고 있는 홀더를 대상으로 특별 NFT를 제공하는 이벤트를 진행할 때, 이벤트 신청자 크립토 월렛 안에 실제로 BAYC NFT 2개 이상이 들어 있는지 확인하는 절차가 스냅샷이다. 프로젝트 관계자가 스냅샷을 오늘 오후 10시에 찍겠다고 말하면, 오후 10시에 해당 NFT를 크립토 월렛에 보유하고 있으면 스냅샷을 통해 인증된다.

화이트리스트Whitelist

NFT나 암호화폐 등을 다른 사람보다 상대적으로 저렴한 가격에 구매할 수 있는 대상자 리스트. 보통 '화이트리스트(화리)에 당첨됐다'고 말한다. 화이트리스트에 당첨되는 기준은 프로젝트에 따라 다르다. 보통 프로젝트를 적극적으로 홍보하거나 커뮤니티에 적극 참여하는 등의 조건을 제시한다.

백서White Paper

블록체인에서 말하는 백서는 '사업계획서'에 가깝다. 블록체인 프로젝트를 시작하고 암호화폐를 발행하는 목적, 운영 방식, 토큰 발행 및 활용 계획, 팀 구성 등의 내용을 담는다. ICO 전에 백서를 먼저 공개한다.

백서는 법적 효력을 갖지 않는다. 이에 블록체인 프로젝트들은 실행 가능성이 낮은 내용을 담기도 하기 때문에 주의해서 봐야 한다.

로드맵Road Map

NFT 프로젝트는 백서보다는 간소화된 로드맵을 발표하는 경우가 많다. 앞으로 어떤 일들을 언제 진행할 것인지 등을 담은 계획 스케줄을 말한다. 백서처럼 로드맵 또한 법적 효력을 갖지 않는다.

디스코드Discord

네이버 카페나 카카오톡 단체 채팅방처럼 커뮤니티를 위한 온라인 공간이다. 실시간 대화나 음성 채팅을 할 수 있으며 관리자는 대화방을 여러 카테고리로 나눠 관리할 수 있다.

커뮤니티에 따라서는 디스코드에서 채팅을 많이 할수록 자신의 레벨을 올릴 수 있는 경험치를 획득할 수 있다. 레벨이 높을수록 보상을 주는 커뮤니티도 있다.

AMAAsk Me Anything

'무엇이든 물어보세요'라는 의미로 질의 응답하는 것을 말한다. 커뮤니티 채팅창에서 상시로 AMA를 진행하는 경우도 있고, 프로젝트 관계자들이 행사나 이벤트성으로 AMA를 진행하기도 한다.

규제 및 규정

KYC Know Your Customer

고객 인증 제도로 서비스에 처음 가입할 때 가입자가 누구인지를 확인하는 제도다. 금융 서비스를 처음 사용할 때 신분증 확인, 또는 인터넷 서비스를 처음 이용할 때 휴대폰 번호 인증이나 이메일 인증을 말한다. 블록체인 서비스는 누구의 승인이나 허락 없이 누구나 사용할 수 있는 서비스라는 철학하에 제공되므로 사용자에게 KYC를 요구하지 않는다. 하지만 불법 자금 유통이나 불법 행위를 방지하기 위해 국가에 따라서, 또는 서비스에 따라서 블록체인 서비스라도 KYC를 필수로 적용하는 경우가 있다.

트레블 룰 Travel Rule

자금 세탁 방지를 위해 기존 금융권에서 구축한 자금 이동 추적 시스템

기타

러그 풀 Rug Pull

블록체인 프로젝트 또는 NFT 프로젝트 진행을 위해 투자자들로부터 자금을 모은 후 프로젝트를 갑자기 중단하고 잠적하는 일

스캠 Scam

러그풀을 포함해 암호화폐나 NFT 등을 활용해 사기 치는 행위를 말한다.

146

OG Original Gangster

NFT 또는 웹3.0 시장에 초창기에 진입한 사람들을 말한다.

WAGMI We All Gonna Make It

'우리 모두 잘 될 거야', '우리는 할 수 있다' 의미로 사용된다.

DYOR Do Your Own Research

정보에 관한 검증은 스스로 하라는 의미다.

3부

10장
프로토콜·프로덕트 다오

여러 종류의 기업이 있듯이 여러 종류의 DAO가 있다. 조직마다 사람들이 모이는 목적과 관심사가 다르기에 다양한 DAO가 자연스럽게 생겨나고 있다. DAO를 나누는 기준이 따로 있는 건 아니지만 DAO가 설립된 이유와 역할에 따라 다양하게 분류할 수 있다. 그중에서도 플랫폼이나 서비스의 방향, 정책, 운영을 결정하는 DAO를 프로토콜 다오Protocol DAO, 프로덕트 다오Product DAO라고 한다. 이번 장에서는 탈중앙화 거래소 '유니스왑'의 DAO, 메타버스 플랫폼 '디센트럴랜드'의 DAO, 그리고 '나운스'라는 브랜드 생태계를 만들어가는 DAO를 살펴본다.

탈중앙화 거래소 운영 조직,
유니스왑 다오

가상자산거래소 '빗썸'의 운영은 빗썸코리아가, '업비트'의 운영은 두나무가 담당한다. 빗썸과 두나무가 가상자산거래소 사용자들의 신분을 확인하고 거래 매칭 방식과 수수료 정책, 상장하는 코인 등을 모두 결정한다. 기업이 서비스의 방향과 정책을 결정하고 사용자는 이 서비스를 이용만 한다. 서비스가 확대, 성장한다고 해서 사용자가 이익을 보는 것은 없다. 이를 중앙화된 거래소라고 부른다.

웹3.0에서는 탈중앙화 거래소가 있다. 대표적인 탈중앙화 거래소가 '유니스왑'이다. 유니스왑은 사용자들의 암호화폐 거래에 개입하지 않는 것뿐 아니라 DAO를 구성해 서비스에 관한 권한을 분산

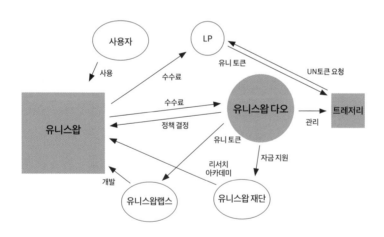

유니스왑 구조

했다. 이 때문에 유니스왑은 구조가 다소 복잡하다.

유니스왑의 구조를 보자. 유니스왑은 거래소이며 유니스왑을 개발한 곳이 유니스왑랩스다. 유니스왑 서비스의 정책을 결정하는 곳이 유니스왑 다오이며, 유니스왑 다오는 유니스왑 서비스의 수익인 수수료의 일정 부분을 유니스왑 다오 트레저리에 넣어 보관한다. 유니스왑 다오 트레저리에 쌓인 자금은 구성원에게 분배되기도 하고, 유니스왑 서비스 성장에 기여하는 유니스왑 재단과 유니스왑의 유동성 공급자LP, Liquidity Provider에게 제공되기도 한다. 유니스왑 재단은 유니스왑을 위한 리서치, 아카데미 운영 등을 진행한다. 유니스왑 다오 구성원들은 원한다면 유동성 공급자로 활동할 수도 있다.

유니스왑 다오는 대표적인 프로토콜로 꼽힌다. DAO가 크립토 시장에 널리 알려지기 전인 2020년 9월에 거버넌스 토큰을 발행하고 DAO의 모습을 갖추기 시작한 덕분이다. 유니스왑에 관한 아이디어를 구현하고 서비스가 안정될 때까지 운영해온 곳은 유니스왑랩스지만, 웹3.0의 탈중앙화에 관한 철학을 유니스왑을 통해 실현하기 위해 유니스왑랩스는 유니스왑에 관한 권한을 DAO에 넘겼다. DAO 생태계 분석 플랫폼 딥다오에 따르면 2023년 4월 2일 기준 유니스왑 다오는 세 번째로 큰 규모의 트레저리를 보유하고 있다. 유니스왑 다오는 26억 달러 규모의 트레저리를 보유하고 있으며 구성원 수는 36만여 명에 이른다. 지금까지 61명이 126개의 제안Proposal을 올렸으며 이 중 46%가 통과됐다.

유니스왑 서비스를 살펴보면, 유니스왑은 이더리움과 ERC-20

토큰을 교환할 수 있는 거래소다. 토큰이 교환되는 방식은 A 토큰을 사려는 사람과 A 토큰을 팔려는 사람을 매칭해주는 구조가 아니다. 유니스왑은 유동성 풀을 활용한다. A 토큰과 B 토큰의 가치가 1:1로 매칭되는 유동성 풀이 있어서, 만약 A 토큰을 B 토큰으로 교환하려는 사람이 있다면 토큰을 교환하려는 사람에게 A 토큰을 받고 유동성 풀에서 동일한 가치의 B 토큰을 교환해준다. 유니스왑을 개발한 유니스왑랩스는 토큰 거래자의 거래에는 관여하지 않고, 유동성 풀을 안정적으로 유지해 언제든지 원하는 토큰으로 교환해줄 수 있는 프로토콜만 개발했다.

유니스왑은 사용자가 누군지 확인하지 않는다. 유니스왑은 누구나 유니스왑 서비스를 이용할 수 있는 '허가가 필요 없는 접근성'과

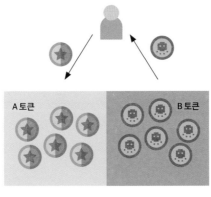

유니스왑 서비스 설명

154

보안성, 불변성을 주요 가치로 내건다. 거래가 자동으로 이뤄지기 때문에 사용자가 누군지 확인할 필요가 없으며, 이러한 자동화 시스템 덕분에 유니스왑랩스에 필요한 직원 수는 일반 중앙화된 거래소보다 적다. 단순 비교는 어려울 수 있지만, 테크전문가들의 플랫폼 빌트인Builtin.com에 따르면, 유니스왑랩스의 직원은 100여 명이며 미국에서 가장 큰 암호화폐거래소인 코인베이스의 직원은 3700명이다. 2023년 4월 2일 기준 거래량은 코인마켓캡 기준 유니스왑이 지난 24시간 동안 4억 800만 달러, 코인베이스는 지난 24시간 동안 5억 6400만 달러다.

유니스왑의 탈중앙화 특징을 더 살펴보면, 유니스왑은 이더리움 기반 프로토콜로 메타마스크 등 탈중앙화 크립토 월렛을 설치하면 누구나 사용할 수 있다. 유니스왑랩스는 유니스왑에서 어떤 토큰으로 거래할지 직접 결정하지 않는다. 이는 유니스왑 다오에서 결정한다. 그리고 유니스왑 사용자들이 원활하게 거래할 수 있도록 돕는 유동성 풀에 유니스왑랩스가 개입하지는 않는다. 유니스왑랩스가 직접 토큰을 넣어놓지 않는다는 의미다. 대신 유동성 풀에 유동성 토큰을 제공하는 유동성 공급자들이 있고, 유동성 풀에 스마트계약을 적용해 자동으로 토큰의 가치가 변하도록 만들어 사용자들이 유동성 풀에 참여할 수 있도록 한다. 이를 자동화 마켓 메이커 AMM, Automated Market Maker라고 한다.

유니스왑이 자동화 마켓 메이커를 통해 유동성 풀을 유지하는 방법은 이렇다. 우선 유동성 풀은 유동성 공급자에 의해 유지가 되는데 토큰을 유동성 풀에 넣을 때는 두 개의 토큰을 1:1 가치로 짝지어 넣어야 한다. 만약 유동성 풀에 이더리움과 스테이블코인 다이를 1:1 비율로 유지하는 유동성 풀이 있다고 가정해보자. 이더리움이 100달러이고 다이는 1달러라면, 이더리움-다이 유동성 풀에 유동성 공급자가 유동성을 제공하기 위해 1이더리움과 이에 해당하는 100다이를 짝지어 넣는다. 이런 식으로 이더리움-다이 유동성 풀은 이더리움과 다이로 채워지게 된다.

이때 유동성 풀은 '$x \times y = k$'의 공식에 맞춰 유동성이 맞춰지게 되는데, 위와 같이 이더리움-다이 유동성 풀이라면 x는 이더리움의 개수, y는 다이의 개수가 된다. 이 유동성 풀에 10이더리움과 1000다이가 담겨 있다면 k는 '10이더리움 × 1000다이 = 10000'이 된다. 여기서 $k=10000$은 변하지 않는 상수다.

즉, '$x \times y = 10000$'과 '(유동성 풀의 이더리움 총가치) : (유동성 풀의 다이 총가치) = 1:1' 두 가지 식을 만족하면서 유동성 풀이 유지가 된다.

만약 이더리움이 100달러에서 400달러로 급등하면, $x \times y = 10000$과 (x × 400달러) : (y × 1달러) = 1:1을 동시에 만족하는 x는 5, y는 2000이 된다. 유니스왑의 유동성 풀은 이러한 수식으로 인해 유지된다. 가치 변화에 따라 유동성 공급자들은 유동성을 공급하고 가치 변동에 따른 수익을 유동성 공급자들이 볼 수 있게 된다.

다시 유니스왑 설명으로 돌아와서, 1이더리움이 100달러일 때 사용자 A가 1이더리움과 다이를 교환하고자 한다. 유동성 풀에는 10이더리움과 1000다이가 들어 있다면 이론적으로는 유동성 풀에 1이더리움을 넣고 이에 해당하는 100다이를 유동성 풀에서 얻는다. 하지만 이때 거래 수수료가 거래금액의 0.3%를 제하게 된다. 따라서 0.003이더리움을 제하게 되는데, 이 때문에 정확하게는 사용자가 1이더리움을 유동성 풀에 넣지만 거래 수수료 0.003이더리움을 제하고 실제로는 0.997이더리움이 유동성 풀에 들어간다. 그러면 이더리움의 유동성 풀은 10이더리움 + 0.997이더리움 = 10.997이더리움이 된다.

$x \times y = 10000$이므로 $x = 10.997$이며, $y = 10000 \div 10.997 = 909.339$가 된다. 그러면 A는 1000 - 909.399 = 90.601다이를 최종적으로 받게 된다.

여기서 발생한 거래 수수료는 유동성 공급자들에게 보상으로 제공된다. 하지만 유동성 공급자들이 별도로 보상받은 토큰 인출을 요청하지 않으면 다시 유동성 풀로 들어간다. 이후 유동성 공급자들이 자신들이 받은 보상을 요청할 때 인출한다.

유니스왑이 자동적으로 유동성 풀이 유지되고 사용자가 유동성 풀을 통해 토큰 거래를 할 수 있도록 하기 위해 복잡한 수식을 활용하지만, 사용자나 유동성 공급자가 이 모든 수식을 이해할 필요는 없다. 다만 유니스왑랩스의 개입 없이 자동으로 유동성 풀이 유지된다는 원리만 알면 된다. 유니스왑랩스는 이런 수식으로 인해 자동으로 실행되는 프로토콜만 제공하고 있어서 누구나 유동성 공급자가 될 수 있고 누구나 사용자가 될 수 있다. 유니스왑랩스는 유니스왑을 통한 수수료를 가져가지는 않는다.

유니스왑은 보다 효율적으로 유동성을 공급하고 유동성 공급자들이 유연한 자산 관리를 할 수 있도록 계속해서 알고리즘을 업데이트한다. 2023년 4월 기준으로 유니스왑 3번째 버전까지 나왔다. 이렇게 업데이트할 때는 DAO의 의견이 반영된다.

유니스왑 다오가 유니스왑이 처음 출시됐을 때부터 구성된 것은 아니다. 유니스왑 프로토콜은 2018년 헤이든 애덤스Hayden Adams가 만들었다. 이후 2020년 9월 유니스왑 거버넌스 토큰인 유니 토큰을 출시하면서 DAO를 구성했다. 유니 토큰을 보유한 사람(유니 홀더)들이 유니스왑 다오에 참여할 수 있다. 유니 홀더들은 유니스왑 프로토콜에 관한 소유권과 관리 권한을 갖는다. 관련된 제안을 언제든 올릴 수 있고 이에 관해 투표할 수 있는 권리를 갖는 것이다.

유니 토큰은 총 10억 개를 발행하며 이 중 60%인 6억 개가 유니스왑 사용자인 커뮤니티 구성원에게 할당됐다. 21.266%는 유니스왑랩스 팀과 직원들에게, 18.044%는 유니스왑랩스 투자자들에게, 0.69%는 어드바이저들에게 4년에 걸쳐 배분된다. 유니 토큰을 처음 발행하고 4년 후에는 매년 2%의 유니 토큰 공급량이 추가된다. 토큰 추가 발행은 사용자들에게 유니스왑 다오에 지속적인 참여를 유도하기 위해서다. 이에 10년 후에는 커뮤니티 물량이 더 늘어난다. 10년 후에는 커뮤니티는 67.19%, 팀은 17.65%, 투자자는 14.60%, 어드바이저는 0.57%가 된다. 커뮤니티가 주도하는 탈중앙화 거래소가 되기 위해서다.

유니 토큰 홀더들은 유니스왑 거버넌스, 유니스왑 커뮤니티에 관한 트레저리, 프로토콜 거래 수수료, ENS 이름(인터넷 사이트 URL 주소와 같은 역할을 하는 이더리움 계정 주소) 등에 관한 소유권을 갖게 된다.

유니스왑 다오에서 투표하는 방법은 다른 DAO와도 비슷하다. 토큰 하나당 하나의 투표권을 부여한다. 다만 토큰을 보유하고 있다고 해서 저절로 투표권이 생기는 것은 아니고, 투표권을 특정 이더리움 주소에 위임해야 한다. 본인이 직접 투표를 한다면, 본인의 이더리움 주소에 투표권을 위임하면 되고 본인이 아닌 다른 사람에게 투표권을 잠시 위임하고 싶다면, 다른 사람의 이더리움 주소로 위임을 하면 된다.

유니스왑 다오 거버넌스 운영을 살펴보자. 유니스왑 프로토콜에 도움이 된다고 생각하는 내용을 제안할 수 있는데, 유니스왑 다오 포럼에 제안을 올리고 여러 피드백을 받은 후 다수의 찬성을 받으면 실행되는 방식이다. 유니스왑 다오 거버넌스는 처음엔 세 단계의 투표 과정을 거쳤지만 2023년 초 투표는 두 단계로 줄이고 투표를 진행하기 전 피드백을 받는 과정을 추가했다. 리퀘스트 포 코멘트Request for Comment, 반응 확인Temperature Check, 거버넌스 제안Governance Proposal으로 총 세 단계로 이뤄진다.

가장 첫 단계인 리퀘스트 포 코멘트는 커뮤니티에 새로운 제안을 누군가 올리면 7일 동안 제안에 관한 코멘트를 달 수 있는 단계다. 그다음 반응 확인 단계에서는 첫 단계에서 코멘트를 받은 내용을 반영해 5일 동안 투표를 진행한다. 최소 찬성 정족수는 1000만 토큰이다. 만약 두 번째 단계에서 최소 찬성 정족수를 채우지 못하면 해당 제안은 마지막 단계로 넘어가지는 못한다. 그리고 마지막으로 거버넌스 제안 투표 단계가 있는데, 블록체인에 기록되는 온체인 투표다. 이전 단계에서 받은 피드백을 반영한 최종 제안으로 투표가 진행된다. 온체인 제안을 누구나 할 수 있는 건 아니다. 제안을 제출하는 위임자는 최소 250만 이상의 유니 토큰을 보유하거나 위임받아야 한다. 투표 기간은 7일이며 최소 찬성 정족수는 4000만 토큰이다.

총 세 단계로 진행되는 건, 최종 결정이 이뤄지기 전까지 충분한 토론 시간을 갖도록 하기 위해서다. 토큰을 보유하기만 하고 참여하지 않는 다수로 인해 투표의 결과가 왜곡되지 않도록 하기 위해 최소 정족수 기준도 만들었다.

유니스왑 다오는 제안과 투표 과정을 통해 2022년 8월 유니스왑 재단 설립 안건을 통과시키기도 했다. 유니스왑 재단은 유니스왑 프로토콜의 탈중앙화 성장과 지속 가능성을 지원하고, 생태계와 커뮤니티 확대를 위한 자금 지원을 목적으로 만들어졌다. 유니스왑과 관련된 리서치, 아카데미, 애널리스트, 개발 툴 등을 지원하기 위한 것이다.

재단 설립을 위한 제안에는 3년 동안 7400만 달러의 예산 요청도 포함됐다. 여기서 유니스왑 프로토콜 성장, 커뮤니티 성장, 연구, 거버넌스 스튜어드십 등의 프로젝트를 위한 자금은 6000만 달러이며 1400만 달러는 재단 운영팀을 위한 운영 자금이다. 18개월 동안 운영된 후 재단은 다시 유니스왑 다오로 돌아오게 된다.

재단 설립 제안은 99%의 압도적인 찬성표를 받았다. 8600만 개의 찬성표였으며 반대표는 770만 개에 불과했다. 하지만 토큰을 다수 보유하고 있는 홀더들의 영향력이 강했다는 지적도 있었다. 유니 토큰 홀더 상위 20개 주소가 투표에 사용된 토큰의 99.7%를 차지했기 때문이다. 결국 유니 토큰 홀더 상위 20명이 결과를 좌우했다는 의미다. 유니스왑 다오는 유니스왑 재단 설립 이외에도 거래 수수료 정책, 프로토콜 업데이트, 다오 트레저리 활용 등에 관한 결정을 내린다.

메타버스 플랫폼의 주인인
디센트럴랜드 다오

우리는 카카오톡을 사용하지만 카카오톡의 서비스 정책에 영향을 미치지는 못한다. 우리는 네이버에서 다양한 서비스를 사용하지만 네이버가 갑자기 특정 서비스를 종료하더라도 네이버의 결정에 따라야 한다. 여러 스마트폰 게임을 즐기면서 유료 아이템 결제를 하지만 개발사가 게임 운영을 종료하면 내 아이템은 사라질 수 있다. 열심히 서비스를 이용하더라도 서비스는 사용자의 것이 아니기 때문에 서비스 운영 기업의 결정에 따를 수밖에 없다.

DAO는 이러한 부분을 개선한다. 웹2.0에서 서비스의 주인은 기업이지만, 웹3.0에서 서비스의 주인은 DAO이며 DAO 구성원들이다. 즉, 사용자가 서비스 플랫폼의 주인이 될 수 있다. 사용자가 서비스를 이용하기 위해 구매한 토큰과 아이템이 주식의 지분처럼 서비스 소유권의 지분이 될 수 있다. 어떻게 가능한 일일까? 대표적인 사례로 디센트럴랜드 다오Decentraland DAO를 통해 살펴보자.

디센트럴랜드는 사용자가 게임 세상 안에 토지를 사서 그 위에 건물을 짓거나 게임을 만들어 노는 플랫폼이다. 사용자가 디센트럴랜드에서 직접 게임이나 콘텐츠를 만들거나 아이템을 만들어 판매하면서 수익을 낼 수도 있다. 디센트럴랜드 자체가 하나의 가상 도시다. 게임 방식은 마인크래프트나 로블록스와 같으며 색다른 부분은 없다. 기존 게임 플랫폼과 다른 점이 있다면, 디센트럴랜드는 이더리움을 기반으로 한 가상 도시, 가상 게임이라는 점이다.

디센트럴랜드 안에서는 '마나MANA'를 디지털화폐처럼 쓰고 마나를 통해 다양한 아이템과 가상 도시의 토지를 살 수 있다. 마나는 암호화폐다. 가상자산 거래소에서 사고팔 수 있다. 디센트럴랜드의 아바타, 아이템, 토지인 '랜드LAND'와 '에스테이트Estate'는 NFT다. 에스테이트는 1×1 크기로 된 파셀parcel들이 여러 개 합쳐진 토지를 말하며, 랜드는 사용자가 에스테이트나 파셀을 구매해 특별한 용도로 만들거나 이름을 붙여서 랜드로 전환한 것을 말한다.

디센트럴랜드는 2017년 아르헨티나 기업가인 아리 메일리히Ari Meilich와 에스테반 오르다노Esteban Ordano가 처음으로 만든 완전 탈중앙화된 가상 세계다. 블록체인 기반의 탈중앙화된 세계이기 때문에 디센트럴랜드의 소프트웨어 규칙, 랜드 콘텐츠 선정, 마나의 순환 경제 수정, 랜드 스마트 계약 업그레이드 등을 소수의 특정 주체가 변경할 수 없다. 디센트럴랜드 개발팀이라고 해도 말이다.

162

디센트럴랜드는 탈중앙화 방식으로 운영하기 위해 DAO를 만들었다. 마나와 랜드를 보유한 사람들이 디센트럴랜드 다오의 구성원이다. '디센트럴랜드'라는 가상 도시를 운영하는 데 있어서 필요한 의사 결정을 마나와 랜드 홀더들에게 맡긴 것이다.

현실에서 플랫폼 또는 게임 운영 기업과 사용자 사이에 서로의 목표와 니즈가 달라 충돌하는 것과 달리 디센트럴랜드는 사용자가 DAO를 통해 직접 운용자 역할도 하기에 이러한 충돌을 줄일 수 있다. 사용자가 직접 플랫폼을 운영하기 때문에 사용자의 충성도와 열정도 더 높아질 수 있다.

분명 단점도 있다. 지금과는 다른 플랫폼의 모습으로 디센트럴랜드 다오를 유토피아 또는 무정부 상태로 보는 시각도 있다. 온라인에서 쉽게 볼 수 있는 인종차별주의자나 이유 없이 다른 사람을 비방하는 사람이 DAO에도 있다. 책임과 권한이 주어진 중앙 관리자가 있는 커뮤니티는 상식에서 어긋난 활동을 하는 구성원을 퇴장시킬 수 있지만, 중앙 관리자가 없는 커뮤니티의 경우 이러한 조치를 취할 수 있는 누군가가 없다. 블록체인 전문 미디어 '디크립트Decrypt'는 다음과 같이 우려를 나타냈다.

"인터넷은 선을 위한 힘만큼이나 악을 위한 힘도 있다.Internet is just as much a force for evil, as it is for good."[4]

디센트럴랜드 다오의 작동 방식을 보자. 디센트럴랜드 커뮤니티 멤버인 마나와 랜드 홀더들은 투표를 생성하거나 진행할 수 있다. 랜드 계약, 부동산, 마켓플레이스를 포함해 디센트럴랜드의 스마트 계약에 관한 모든 것이 가능하다. 투표를 하기 위해 마나 토큰 홀더는 마나를 랩트 마나wMANA로 전환해야 한다. 디센트럴랜드는 다른 DAO와는 다르게 1토큰 1투표권 제도는 아니다. 마나와 랜드 홀더를 구분한다. 랩트 마나는 1개당 1투표권이 부여되고 랜드는 1개당 투표권 2000개가 부여된다. 에스테이트 1×1 크기당 2000투표권을 갖는다. 또 디센트럴랜드에서 자신의 아바타에 특별한 이름을 설정하면 네임 NFT NAME NFT를 갖게 되는데 여기에 투표권 100개를 부여한다.

만약 사용자가 5000마나 중 1000마나만 랩트 마나로 전환하고, 3개의 랜드와 2×3 에스테이트를 가지고 있다고 가정해보자. 투표권은 1000랩트 마나에 해당하는 투표권 1000개가 생기고, 3개의 랜드에 해당하는 투표권이 각각 2000개이므로 총 6000개다. 2×3 에스테이트에 해당하는 투표권은 각각 2000개이므로 12000개가 된다. 총 19000(1000 + 6000 + 12,000)개의 투표권을 갖게 된다.

다양한 종류의 투표권을 둔 것은 가상 도시 안에서 토지가 없더라도 다른 사용자가 만들어놓은 콘텐츠를 열심히 사용하고 즐기는 사용자도 디센트럴랜드를 운영할 수 있는 권한을 주기 위해서다. 다만 토지를 직접 구매해서 여러 사용자가 즐길 수 있는 공간으로 꾸미는 데에는 많은 노력과 비용이 들기에 토지를 보유한 사용자에게 더 많은 투표권을 준 것으로 볼 수 있다.

디센트럴랜드 다오 구성원들은 디센트럴랜드 성장을 위해 새로운 제안을 할 수 있고 다양한 결정을 정한다. △랜드와 에스테이트

디센트럴랜드 다오 투표권

에 기능 추가나 프로토콜 업그레이드 △랜드 경매 일정 △마켓플레이스 수수료 △1차 판매 수수료 △커뮤니티가 운영하는 콘텐츠 서버 추가 △개발팀에 관한 마나 할당량 △신규 웨어러블 아이템 추가 △보안 자문 위원회Security Council 등에 관한 투표가 이뤄진다.

디센트럴랜드 다오는 제안이 올라오고 투표가 이뤄지기까지 총세 단계를 거친다. 한번 결정된 사항은 향후 수정되거나 번복하기 어렵기 때문에 여론 조사, 초안 제안, 거버넌스 제안의 단계를 거치면서 신중하게 진행된다. 단계가 진행되면서 구성원들의 의견을 반영하고 더 효율적이면서도 디센트럴랜드와 디센트럴랜드 다오의 성장에 긍정적인 영향을 미칠 수 있는 내용으로 발전할 수 있도록 한 것이다. 단계가 올라갈수록 다양한 구성원들의 의견으로 제안이 보완되고 많은 참여를 이끌어 내기 위해 투표 기간은 길어지고 정족수 기준도 높아진다.

디센트럴랜드 다오는 지난 2021년 5월 새로운 DAO 시스템을 적용했다. 이전 DAO 시스템보다 DAO 구성원들이 더 저렴하고 쉽게 이용할 수 있도록 하기 위해서다.

새로운 DAO 시스템은 새로운 제안을 하거나 투표를 할 때 '스냅샷'이라는 작업을 진행한다. 스냅샷은 현재 누가 투표권을 얼마나 갖고 있는지를 확인하기 위해 마나와 랜드 등을 보유하고 있는 현재 상황을 '촬영'하듯이 기록하는 걸 말한다. 스냅샷을 찍은 후에는 이 기록을 블록체인이 아닌 IPFS(InterPlanetary File System의 약자로 분산형 파일 시스템을 말한다. 분산형으로 저장한다는 방식은 블록체인과 비슷해보일 수 있으나 블록체인과는 다르다)에 저장한다. IPFS는 블록체인보다 더 빠르고 가스비가 들지 않는다. 투표를 위해 마나를 랩트 마나로 전환할 필요도 없다.

디센트럴랜드 활성화를 위해 만든 DAO 기여금 구조

디센트럴랜드는 새로운 DAO 시스템을 적용하면서 DAO 커뮤니티 기여자를 위한 시스템 도입에 관한 투표도 진행했다. 디센트럴랜드 재단은 DAO 안에서의 혜택 시스템을 추가하기 위해 작업을 진행하는데, 이를 스마트 계약에 올리기 전에 혜택을 누구한테 얼만큼 나눠 줘야 할지에 관한 DAO 구성원들의 동의가 필요하기 때문이다.

기여금 구조는 수혜자에 따라 △코어 유닛 △플랫폼 △도큐멘테이션 △인월드 콘텐츠 △소셜미디어 콘텐츠 △스폰서십 △액셀러레이터 총 7종류로 나눠진다. 디센트럴랜드와 커뮤니티가 성장할 수 있도록 교육하고 즐기고 커뮤니티를 조정하는 사람들이다.

코어 유닛은 DAO를 위해 핵심 기반 기술을 제공하거나 운영하는 사람들, 플랫폼은 디센트럴랜드 플랫폼과 생태계가 확대될 수 있도록 다양한 툴과 애플리케이션을 만드는 사람들, 도큐멘테이션은 사용자들이 디센트럴랜드를 잘 이해할 수 있도록 교육 콘텐츠를 만드는 사람들, 인월드 콘텐츠는 디센트럴랜드에서 사용자들이 즐길 수 있도록 게임, 이벤트 등을 만드는 사람들, 소셜미디어 콘텐츠는 디센트럴랜드의 내용을 트위치, 트위터, 유튜브 등에 올리는 사람들, 스폰서십은 관련된 콘퍼런스, 이벤트, 밋업 등을 개최하는 사람들, 액셀러레이터는 디센트럴랜드 다오로부터 투자를 받는 기업이나 프로젝트들이다.

등급은 낮은 등급Lower Tier과 높은 등급Higher Tier으로 두 가지 등급으로 나눠진다. 낮은 등급은 스테이블 코인인 다이DAI나 마나로 최대 2만 달러 규모까지 받을 수 있다. 한 번에 지급받거나 최대 6개월간 나눠서 받을 수 있다. 높은 등급은 스테이블 코인으로만 2만 달러에서 최대 24만 달러까지 3~12개월 동안 나눠서 받을 수 있다.

자신이 디센트럴랜드 기여금 혜택에 해당한다고 생각되면 기여금 수령 요청 제안서를 작성하고 DAO 포럼에 제출하면 된다. 7일 내에 DAO위원회에서 승인이 떨어지면 2주 동안 커뮤니티에서 투표가 이뤄진다.

기여금 수령 요청이 통과되기 위해 투표에 참여해야 하는 최소 정족수는 지원받는 규모에 따라 달라진다. 승인되면 30일 이내에 기여금을 받을 수 있다.

다만, 기여금을 받는다고 해서 모든 일이 끝나는 건 아니다. 매월 진행 상황을 DAO에 보고해야 한다. 처음 계획한 대로 작업이 진행되지 않았거나 작업 결과물이 기대에 충족하지 못했을 경우엔 기여금 제공이 일시 중지되거나 철회될 수도 있다.

자신이 디센트럴랜드 기여금 혜택에 해당한다고 생각되면 제안서를 작성하고 DAO 포럼에 제출하면 된다. 7일 동안 DAO 커뮤니티에서 투표가 이뤄진다. 기여금 수령 요청이 통과되기 위해 투표에 참여해야 하는 최소 정족수는 등급에 따라 달라지며, 참여한 투표수에서 절반 이상의 찬성표를 받아야 한다. 승인되면 7일 이내에 기여금을 받을 수 있다.

디센트럴랜드는 많은 플랫폼 빌더와 크리에이터들이 디센트럴랜드에서 활발하게 활동해서 즐길거리가 늘어나면 더 많은 사용자가 모이는 선순환 구조를 만들기 위해서 노력하고 있다. 이에 빌더와 크리에이터들에게도 혜택을 주기 위한 시스템을 만든 것이다.

DAO 투표를 위한 두 가지 안전장치

디센트럴랜드 다오는 커뮤니티 내에 투표가 남발되지 않도록 하기 위해서 두 가지 안전장치를 뒀다. 우선 '인박스INBOX' 기능이다. 이 기능은 커뮤니티 안에서 최소 승인 없이 메인 투표로 올라가지 않도록 한 것이다. 불필요한 투표가 너무 자주 메인 투표로 올라오

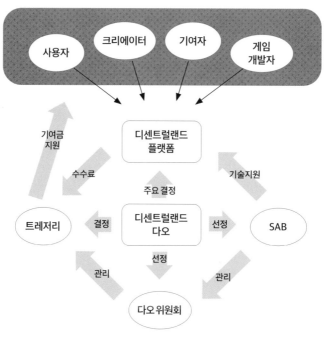

디센트럴랜드 구조

면 사용자들은 투표에 관한 피로감을 느끼고 결국 정작 중요한 투표가 진행될 때 참여하지 않게 될 수 있다. 이에 불필요하거나 장난스러운 투표는 인박스 단계에서 걸러지도록 만들었다.

두 번째는 '딜레이DELAY' 기능이다. 이 기능은 투표 기간을 너무 짧게 설정해 많은 수의 구성원들이 투표에 참여하기 어렵게 만드는 걸 방지하기 위해 만들었다. DAO에 나쁜 영향을 미치는 투표를 올리고 다른 구성원들이 이 투표를 확인하고 반대표를 던지기도 전에 투표를 마감해 해당 안건이 통과되는 걸 막는 장치다. 딜레이 기능은 투표 기간에 충분한 시간을 주어 사용자가 투표하기 전에 마나를 랩트 마나로 전환할 여유를 준다. 이전까지는 투표를 하지 않았던 마나 홀더도 중요한 안건이 올라왔을 때 투표에 참여할 수 있도록 만든 것이다.

DAO 위원회

다오 위원회DAO Committee는 DAO에서 선정한 3명으로 구성된다. 이들은 멀티시그 월렛을 관리하는 역할을 한다. 멀티시그는 특정한 명에 의해 블록체인에 데이터가 기록되는 것이 아니라 여러 승인(명의 서명)이 있어야지만 블록체인에 기록되는 걸 말한다. 이를 통해 누군가가 블록체인에 해를 가하기 위해 임의로 블록체인 기록을 변경하거나 추가하는 걸 방지할 수 있다.

다오 위원회의 역할이 중요하기 때문에 다오 위원회는 보안 자문 위원회SAB의 감시를 받는다. 보안 자문 위원회나 다오 위원회가 트랜잭션을 철회할 수 있도록 하기 위해 다오 위원회를 통해 실행되는 모든 온체인 트랜잭션은 기록된 후 자동적으로 24시간이 지난 후에 완료되도록 했다.

보안 자문 위원회

디센트럴랜드 다오는 DAO의 기술적인 부분을 지원한다. 스마트 계약이 안전하게 잘 돌아가는지, 버그는 없는지 등을 관리하고 스마트 계약에 수정이 필요할 때 업그레이드할 수 있다. 만약에 랜

170

드 스마트 계약에 즉시 수정해야 할 취약점이 발견되면 보안 자문 위원회에서 조치를 취한다. 보안 자문 위원회는 총 5명이며 DAO를 통해 멤버가 결정된다. 스마트 계약 업그레이드를 위해서는 5명의 모든 동의가 필요하다. 5명 중 1명이라도 업그레이드에 반대하면 업그레이드할 수 없다. 보안 자문 위원회는 DAO에 새로운 기능을 추가하거나 삭제할 수 있다. 2022년 9월 기준 보안 자문 위원회 멤버로는 디센트럴랜드 재단에 있는 아구스틴 페레이라Agustin Ferreira와 카일리언 르 본 로페르치Kyllian Le Borgne Roperch, 블록체인 게임 회사인 인터내셔널 온라인 인더스트리스International Online Industries의 나초 마자라Nacho Mazzara, 디센트럴랜드 마켓플레이스 및 빌더 전 매니저인 아리엘 바르맷Ariel Barmat, 아라곤 원의 CTO인 브렛 선Brett Sun이다.

펀드(트레저리)

디센트럴랜드 다오는 2022년 2월 19일부터 10년 동안 2억 2200만 마나를 몇 차례 나눠서 유통하고 있다. 마나가 유통될수록 DAO의 펀드 규모는 점차 늘어난다. DAO 펀드의 현황은 디센트럴랜드 다오의 거버넌스 디앱에 있는 '투명성 페이지'에서 확인할 수 있다.

디센트럴랜드 다오는 거래 수수료를 통해 수익을 창출한다. 디센트럴랜드 마켓플레이스 1차 거래에서 발생하는 거래금액의 2.5% 수수료와 오픈시에서 거래되는 거래금액의 2.5% 수수료다. 이 수익금들은 디센트럴랜드 다오의 펀드에 축적되며 운영을 위해 사용된다.

NFT 소유자들의 모임,
나운스 다오

나운스 다오Nouns DAO는 유니스왑이나 디센트럴랜드처럼 서비스가 있는 건 아니다. 나운스 다오는 새롭고 혁신적인 아이디어를 다양한 방식으로 실험하는 프로젝트이자 브랜드다. 나운Noun이라고 부르는 NFT가 있고, 나운 NFT를 매개로 생태계를 만든다. 이 생태계를 만들어가는 조직이 나운스 다오다. 나운스 NFT가 회원권이자 투표권이다. DAO의 투표권이 암호화폐와 같은 거버넌스 토큰이 아닌 NFT인 셈이다. 나운 NFT가 여러 개 모여 '나운스'라고 하고 이들을 움직이는 조직이 나운스 다오다.

나운스 NFT는 32×32 픽셀 아바타로 사람, 장소, 타코, 피클 등 다양한 모습을 하는 PFP NFT다. 모든 나운스 NFT는 나운스만의 안경을 쓰고 있어서 각기 다른 모습을 하고 있어도 나운스 NFT임을 한번에 알아차릴 수 있다. 크립토펑크나 BAYC 등 대부분의 NFT가 처음 발행할 때 1만 개를 동시에 발행하고 판매한 것과 달리 나운스 NFT는 하루에 하나의 나운 NFT만 발행한다. 제너러티브generative 방식으로 다섯 가지의 속성이 무작위로 조합되어 만들어져 동일한 모양의 NFT는 없다. 속성은 액세서리 137가지, 배경 2가지, 몸체 30가지, 안경 21가지, 머리 모양 234가지가 조합된다.

NFT가 하루에 하나씩만 발행돼 현재 나운스 NFT 수 자체가 적다. 2023년 4월 4일 기준 나운스 NFT는 666개에 불과하다. 다른

1만 개의 PFP NFT처럼 되기 위해서는 약 27년이 걸린다. 이렇게 NFT 수 자체가 많지 않지만 나운스 NFT가 다양하게 활용되는 사례들이 많이 나오고 있어서 나운스 NFT의 인기는 크립토펑크나 BAYC 못지않다. 나운스 NFT 가격도 꽤 높다. 처음 발행될 때 낙찰가는 20이더리움에서 100이더리움까지 다양하며 2023년 4월 4일 기준으로 세계 최대 NFT 마켓플레이스 오픈시에서의 나운스 NFT 최저가는 31이더리움이다.

나운스 NFT가 발행되는 방식은 이렇다. 24시간마다 새로운 나운 이미지가 만들어져 블록체인상에 직접 기록된다. 블록체인에 기록돼 NFT로 만들어지고 나면 24시간 동안 나운스 홈페이지에서 경매가 진행된다. 경매가 종료되면 NFT는 최종적으로 경매 낙찰자 주소로 전송된다. 이 과정은 모두 이더리움에서 작동한다.

나운스 다오는 나운스를 운영하는 거버넌스다. 나운스 다오의 트레저리에는 매일 진행되는 나운 NFT 경매에서 판매한 금액이 이더리움으로 담겨 있다. 즉, 나운 NFT 보유자가 나운스 다오 구성원이 된다. 나운스 다오 구성원은 DAO에 제안을 올리거나 투표를 할 수 있다.

나운 NFT 프로젝트를 처음 만든 사람은 총 10명이다. 이들은 이미 다양한 크립토 또는 NFT 크리에이터로 활동한 경험이 있는 전문가들이다. 나운 NFT를 판매한 수익 중 이들 창업자에게 돌아가는 건 없다. 대신 프로젝트가 시작된 첫 5년 동안 매일 발행되는 나운 NFT가 10번째 발행될 때마다 NFT가 창업자들의 공동 소유 크립토 지갑으로 전송된다. 즉 10번째 발행한 나운 NFT, 20번째 발행한 나운 NFT 등이 창업자 소유다. 이때 발행하는 NFT는 경매가 진행되지 않는다.

나운 NFT는 NFT 활용이나 이미지에 관한 지적재산권을 엄격하게 관리하지 않는다. NFT 보유자가 마음껏 활용할 수 있다. 나운 NFT를 활용해 새로운 작품을 만들거나 브랜드를 만들어도 된다. 나운스 다오가 등장한 이유도 나운 NFT를 다양한 사람들이 보유하고 전 세계 곳곳에서 나운스를 자유롭게 자신들만의 방법으로 소비할 수 있도록 지원하기 위해서다. 이를 통해 나운 NFT가 유명해지면 나운스 다오는 NFT 발행을 통해 더 많은 자금을 모을 수도 있고 더 수준 높은 구성원들도 모여 선순환을 일으킬 수 있다.

2023년 4월 4일 기준 나운스 다오 트레저리에는 2만 8209이더리움, 당시 시세로 약 5265만 달러가 쌓여 있다. 트레저리에 있는 자금은 나운스 생태계가 지속적으로 성장할 수 있는 곳에 활용된다. 특히 나운스를 활용한 다양한 프로젝트를 진행할 때 나운스 다오에 트레저리 자금 사용 요청을 할 수 있고, 나운스 다오로부터 승인을 받으면 자금 지원을 받을 수 있다.

자금 사용 요청은 지원받을 자금 규모에 따라 스몰 그랜트Small Grants, 프롭 하우스Prop House, 프로포절Proposals로 분류된다. 스몰 그랜트는 자금을 신속하고 소급 적용할 수 있는 '유연한 자본 풀'로 활용된다. 요청하는 자금 규모가 작을 때 사용된다. 지원하는 자금 규모는 0.1~25이더리움이다. 프롭 하우스는 매주 자금 지원을 위한 회의가 진행되는데 2~25이더리움 규모의 특정 금액을 요청할 수 있다. 누구나 프롭 하우스에 아이디어를 제출할 수 있고 나운스 다오의 투표로 지원 여부가 결정된다. 프로포절은 10~1000이더리움의 자금을 요청하는 공식적인 프로젝트에 해당한다. 나운 NFT 보유자, 즉 나운스 다오 구성원만 프로포절을 제안하고 투표를 진행할 수 있다.

나운 NFT가 등장한 지 이제 약 1년이 지났지만 나운 NFT가 활용된 사례는 꽤 많다. 2023년 4월 기준 158개의 프로젝트가 진행됐거나 진행 중이다. 가장 대표적인 사례가 미국의 맥주 브랜드 '버드라이트Bud Light'다. 버드라이트는 나운스 NFT #179를 2022년 1월 127이더리움에 구매한 후 나운스 다오로부터 비용을 환불받았다. 버드라이트는 무료로 나운스 NFT를 보유하게 된 것이다. 대신 버드라이트는 나운스 프로젝트를 적극 홍보하는 역할을 맡았다. 2022년 초 슈퍼볼 시즌에 방영한 버드라이트 광고에 나운스 안경을 등장시켰다. 이뿐 아니라 나운스 안경에서 영감을 받아 실물 안경도 출시하고 나운스 안경의 이미지를 담은 한정판 맥주 캔도 출시했다.

릴 나운스Lil Nouns는 나운스 프로젝트에서 파생된 가장 성공한 프로젝트 중 하나다. 릴 나운스는 나운스와 같은 방식으로 15분마다 새로운 릴 나운스 NFT의 경매가 진행된다. 릴 나운스 NFT의 이미지는 나운스처럼 안경을 쓰고 있다. 나운스 NFT의 이미지가 성인의 모습이라면 릴 나운스 NFT는 아이의 모습이다. 2023년 4월 릴 나운스 NFT는 7578개가 생성됐으며 최저가 0.154이더리움이다.

릴 나운스도 나운스 다오처럼 릴 나운스 다오로 운영이 되고, 나운스 생태계 안에 새로운 파생 프로젝트로 자리 잡는 걸 목표로 한다. 릴 나운스는 나운스의 스몰 그랜트로부터 지원을 받는다. 대신 나운스 다오는 릴 나운스 NFT의 발행 첫 5년 동안 릴 나운스 NFT 발행량의 10%를 리워드로 받는다.

이외에도 나운스의 다른 파생 프로젝트들이 있다. 나운스의 첫 소비재 브랜드로 나운스 커피가 런칭됐으며 나운스의 긍정적이고 재미난 에너지를 전파하기 위한 나운스 어린이책이 만들어지기도 했다. 매드해피 어패럴MadHappy Apparel과 협력한 제품을 출시하기 위해 나운스 다오가 자금 지원을 하기도 했다. 다큐멘터리 영화 〈나운스 어라운드 타운Nouns Around Town〉을 만들어 나운스 다오와 웹3.0 커뮤니티에 관한 혁신적인 특성과 나운스의 특징 등을 알리는 프로젝트도 진행 중이다. 또 안경 이미지에 걸맞게 안경이 필요한 어린이들에게 무료 시력 검사와 함께 안경을 맞출 수 있도록 지원하는 프로젝트도 진행했다.

국내에서도 나운스 다오로부터 지원을 받은 프로젝트가 있다. 2022년 9월 서울 한강에서는 나운스 캐릭터의 돛을 단 요트로 경기가 진행됐다. 아직 국내에는 덜 알려진 나운스를 홍보하기 위한 이벤트였다. 이 이벤트는 나운스 다오로부터 승인을 받아 25이더리움(당시 약 5000만 원)을 지원받았다.

2022년 8월에는 나운스 커피 브랜드가 서울 성수동에 있는 카페와 복합문화공간 등 세 곳에서 팝업 스토어를 나흘간 열기도 했다. 나운스 다오는 같은 해 4월엔 독립영화 〈칼라디타Calladita〉 제작에 6.9이더리움(당시 시세로 약 2만 1000달러)을 지원하기로 했다. DAO로부터 제작 지원을 받는 첫 영화다. 나운스 다오는 칼라디타의 제작자 중 두 번째 규모로 자금을 지원했다. 이 영화에는 나운스 안경이 등장하고 영화 크레딧에서 나운스 다오 이름이 들어가게 된다. 이 영화는 동명의 단편영화를 원작으로 하며 스페인의 부유한 가족 별장에서 일하는 콜롬비아 젊은 가정부 '아나Ana'의 이야기를 담는다.

나운스 트레저리는 나운스 다오에서 관리한다. 나운스 다오의 투표를 통해 트레저리 자금 사용을 결정한다. 투표권은 나운 NFT 하나당 1개다. 투표권은 다른 사람에게 위임을 할 수 있다.

나운스 NFT의 수가 많지 않다 보니 나운스 다오 구성원 수도 많지 않다. 구성원 수가 적은 상태에서 투표가 진행되면 누군가가 다수의 나운스 NFT를 구매해 많은 수의 투표권을 이용해 나운스 다오와 트레저리를 자신에게만 유리한 방향으로 이끌 수 있다. 이를 방지하기 위해 나운스 다오는 방법을 마련했다. 설립 초창기에는 나운스 창업자들로 이뤄진 나운스 재단이 DAO에 올라온 제안에 관한 거부권을 행사할 수 있도록 했다. 나운스 다오의 규모가 더 커지고 건강한 투표 문화가 형성되는 것이 나운스 프로젝트가 장기적으로 성장할 수 있다는 데에 합의한 것이다.

나운스 재단은 나운스 다오의 규모가 커지고 어느 정도 자리를 잡을 수 있을 때까지 관리를 맡을 것으로 보인다. 나운스 재단이 거부권을 행사하는 건 탈중앙화 조직을 내세우는 DAO에 적합한 건 아니라고 보고 있다. 나운스 재단은 법적인 문제나 나운스 다오의 실존적 위험이 있다고 판단될 때만 거부권을 행사할 것이라고 밝혔다. 트레저리에 쌓아둔 자금을 불합리하게 인출하거나 투표권자들에게 뇌물을 줄 때, 또는 나운스 NFT를 과도하게 획득하기 위해 경매 방침을 변경하려고 할 때, 감사를 거치지 않고 중요한 스마트 계약을 바꾸려고 할 때 등에만 거부권을 행사할 예정이다.

나운스 창업자들은 나운스가 미래의 웹3.0 세상에서 디즈니가 되는 걸 목표로 하고 있다. 다만 디즈니가 모든 IP를 월트디즈니사가 엄격하게 관리하면서 가치를 유지하는 것과 달리 나운스는 IP를 자유롭게 활용하면서 생태계가 확장되는 방식으로 브랜드 가치가 높아지는 방향을 선택했다. 웹3.0에서의 IP 생태계 확장 방식이 기존 방식과는 다르다고 보는 것이다.

앞선 유니스왑 다오와 디센트럴랜드 다오가 각각 '유니스왑'과

나운스 다오 선순환 구조

'디센트럴랜드' 플랫폼을 운영하고 성장하기 위해 모인 조직인 것과 달리 나운스 다오는 자체 플랫폼이나 제품은 없다. 나운스 NFT 자체가 하나의 제품이고 이를 갖고 노는 NFT 보유자들이 DAO의 구성원이다. 나운스 NFT를 매개로 DAO라는 커뮤니티를 만들고 함께 놀면서 자연스럽게 나운스 NFT의 생태계를 확장하는 것이 이들의 목표다.

11장
투자·수집 다오

투자·수집 다오는 말그대로 DAO 구성원들로부터 자금을 모아 웹3.0 프로젝트에 투자하거나 NFT를 수집하는 DAO다. 투자와 수집의 목적은 다양하다. 수익 창출을 위해서 또는 자신들의 철학을 많은 사람에게 알리고 행동으로 보여주기 위해 투자하고 수집한다. 투자하고 싶은데 자금과 전문적인 지식이 부족할 때 집단의 힘을 빌리기 위해 DAO를 구성하기도 한다. 기존 벤처캐피털에는 법적 제약이 많고 큰돈이 드는 반면 DAO는 이러한 절차를 간소화한다는 장점도 있다. DAO에 따라 투자 전략, 자금 모집 방식, 운용 방식 등이 다르다.

디파이 생태계 확대를 위한 VC,
비트 다오

가장 대표적인 투자 다오는 비트 다오Bit DAO다. 투자 다오 중에서는 트레저리 기준으로 가장 큰 규모를 자랑한다. 2023년 4월 5일 기준 비트 다오의 트레저리는 26억 달러다. 뒤에서 알아볼 몰록 다오Moloch DAO처럼 블록체인 프로젝트를 지원하기 위해 만들어졌다. 차이점이 있다면 몰록 다오는 블록체인 기술을 공공재 인프라스트럭처로 정의하고 이익을 생각하지 않고 투자해야 한다는 철학을 갖고 있다. 지금 당장 수익이 나지는 않지만 투자가 필요한 사회 기반 기술에 정부가 지원금이나 보조금을 주는 것과 유사한 역할을 몰록 다오가 한다. 반면, 비트 다오는 벤처캐피털와 비슷하게 볼 수 있다. 비트 다오의 투자 및 여러 활동을 통해 트레저리 성장이 목표 중 하나다. 비트 다오는 블록체인 프로젝트 중에서도 탈중앙화 금융인 디파이 프로젝트 지원에 조금더 특화됐다.

특히 관심을 끄는 건 크립토 파생상품 거래소 바이비트ByBit가 비트 다오에 정기적으로 자금을 기부한다는 점이다. 비트 다오는 바이비트 창업자인 벤 조우Ben Zhou의 아이디어를 통해 설립됐으며, 바이비트는 바이비트에서 일어나는 총 거래의 0.025%를 비트 다오에 위탁하기로 약속했다. 이는 연간 약 10억 달러에 해당한다.

이외에도 비트 다오는 실리콘밸리의 유명한 투자자인 피터 틸Peter Thiel을 비롯해 판테라캐피털Pantera Capital, 드래곤플라이캐피털

Dragonfly Capital 등으로부터 설립 초기에 약 2억 3000만 달러를 투자 받았다. 이후 비트 다오는 암호화폐 탈중앙화 거래소인 스시스왑에서 비트 다오의 거버넌스 토큰인 비트 토큰 2억 개를 이더리움과 스시 토큰을 받고 판매했다.

비트 다오는 지원하는 프로젝트가 발행한 토큰을 비트 토큰과 교환하기도 한다. 이는 토큰 스왑으로, 주식시장에서 파트너십을 맺은 기업끼리 주식 교환(스왑)을 하는 것과 유사한 방식이다. 이를 통해 파트너십을 공고히 하고 비트 다오의 트레저리는 성장 가능성이 높은 프로젝트의 토큰을 보유해 향후 트레저리 규모를 키울 수도 있다. 성장성이 높은 프로젝트의 토큰 가치는 상승할 가능성이 크기 때문이다. 비트 다오가 달성하고자 하는 목표는 우선 토큰 스왑을 통해 비트 다오 트레저리에 다양한 상위 크립토 프로젝트 토

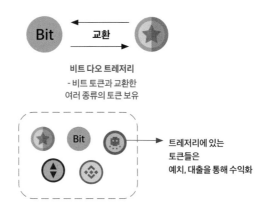

비트 다오 트레저리

큰을 모으는 것이다. 또 비트 다오는 트레저리에 담긴 토큰을 스테이킹(예치)하거나 렌딩(대출)으로 활용해 트레저리 규모를 확대하고자 한다. 이를 통해 트레저리에 잠자고 있는 자금을 수익화하려는 전략이다.

비트 다오는 자금을 지원하고 파트너를 맺은 게임 7Game 7, zk 다오zk DAO, 에듀 다오Edu DAO 등을 통해 트레저리가 성장할 수 있을 것으로 보고 있다. 비트 다오는 파트너 프로젝트와 크립토 산업 전반의 성공이 결국엔 비트 다오의 성장과 비트 다오 트레저리 확대로도 이어지게 될 것으로 본다. 트레저리 확대는 비트 다오가 더 많은 프로젝트와 팀에 지원을 할 수 있는 여력이 생기고, 이는 결국 크립토 및 블록체인 생태계의 전반적인 성장을 위한 플라이휠 효과(아마존의 창업자 제프 베이조스가 제시한 경영전략. 기업의 성장을 순환 과정으로 인식해 개선된 고객 경험과 고객 증가가 트래픽, 판매자, 상품군을 늘리고 이는 또다시 고객 경험과 고객 증가로 이어지는 선순환을 만든다는 전략)가 작동하게 될 것으로 전망한다.

비트 다오의 컨트리뷰터contributor이자 대변인인 케빈 로즈Kevin Rose는 다음과 같이 설명했다.

"비트 다오를 위한 우선순위는 다오 트레저리가 스테이킹과 렌딩에 참여할 수 있는 도구를 만드는 것이다. 비트 다오는 비트 다오 트레저리에서 일부 자금 지원을 받는 자동화된 독립 프로젝트entity 생태계를 구축하고 있다. 이 독립 프로젝트들은 웹3.0을 개발하는 데 도움을 줄 것이다."[5]

이렇게 비트 다오가 트레저리 성장에도 신경을 쓰는 이유는 비트 다오가 기업의 형태가 아니지만, 비영리 재단 또한 아니기 때문이다. 비트 다오를 설계한 벤 조우 바이비트 창업자는 비트 다오 트레저리에 자금을 넣은 투자자들에게 수익을 돌려줄 방법도 찾아야 한다고 생각하고 있다. 그래서 토큰 스왑을 고민하고, 이는 크립토 산업에서 일종의 ETF가 될 수 있다고 본 것이다.

비트 다오의 비전은 오픈 금융과 탈중앙화된 토큰 이코노미다. 디파이, DAO, NFT, 게임 등을 포함한 프로젝트를 폭넓게 지원할 계획이다. 지원은 자금 지원뿐 아니라 연구 개발, 유동성 공급 등 다양한 형태다.

또한 비트 다오는 온체인과 오프체인 거버넌스 솔루션과 다오 트레저리 관리 솔루션을 포함해 DAO들이 효율적으로 활동할 수 있는 핵심 서비스 및 제품을 만드는 목표를 갖고 있다. 이를 연구 개발하는 프로젝트에 자금을 지원하거나 함께 개발 활동을 진행하는 것이다. 크립토 산업에 공공재가 되는 제품이나 서비스를 연구하는 팀도 지원할 계획이다.

다른 DAO와 마찬가지로 이러한 활동을 결정하는 주체는 비트 다오의 거버넌스 토큰인 비트 토큰 홀더들이다. 비트 다오는 비트 토큰 홀더들에 의해 의사 결정이 이뤄진다. 비트 토큰 홀더들이 비트 다오의 방향성을 결정하고, 비트 다오가 탈중앙화된 금융 시장에서 주요 플레이어가 된다면 비트 토큰 홀더들이 시장을 주도하게 되는 셈이다.

최종 의사 결정은 비트 토큰 홀더들이 하지만 제안은 누구나 할수 있다. 비트 다오로부터 지원을 받고 싶은 잠재적 파트너나 개인도 비트 다오에 제안을 하면 해당 제안을 받아들일지 거절할지를 비트 토큰 홀더들이 결정한다.

비트 다오는 회사가 아니다. 크립토 시장을 키우기 위한 기여자들이 모인 조직이며 새로운 기능을 만드는 개발팀이나 관리 직원은 없다. 그래서 비트 다오에 제안을 올릴 때 '비트 다오에는 ●● 기능이 필요하다'고 제안을 올리면 실행될 가능성이 낮다. 이를 구체화할 직원이 없으며, 비트 다오는 비트 다오 자체로 실제 제품을 만들거나 누군가에게 임무를 줄 수 없기 때문이다. 대신 '비트 다오엔 ●● 기능이 필요하다고 생각하고, 그것을 구축하기 위해 비트 다오 자금 요청과 자세한 방법을 제시한다'라고 제안을 하면 실행 가능성이 높아진다. 이러한 부분이 DAO의 한계일 수도 있다.

자금이 많은 기존 투자자 기관과 파트너사가 비트 토큰의 지분을 많이 보유한 것은 사실이다. 비트 토큰 발행량 100억 개 중 5%가 프라이빗 세일(특정인에게 판매), 5%가 스시스왑에서 판매된 물량 및 비트 토큰 출시 파트너 리워드, 30%가 비트 다오 트레저리, 60%가 바이비트 물량이다. 불특정 다수의 집단 지성으로 DAO가 운영된다기보다는 크립토 시장을 키우기 위해 업계 전문가들이 함께 모여 자금을 운영하고 확장한다는 의미로 볼 수 있다.

비트 토큰 홀더가 아니더라도 비트 다오에 참여할 수 있는 길은 있다. 비트 다오의 참여자들은 크게 네 종류로 분류된다. 커뮤니티 회원, 기여자, 파트너, 비트 토큰 홀더다. 커뮤니티 회원은 비트 다오의 포럼이나 소셜미디어에 참여하고 아이디어를 공유할 수 있다. 앞선 설명처럼 비트 다오의 자금 요청이나 제안이 될 수도 있다. 여기서 좋은 아이디어나 제안은 비트 토큰 홀더들이 채택해 투표를 진행한다.

그리고 비트 다오 프로토콜 개발에 도움을 줄 수 있는 개인이나 팀, 또는 다른 프로젝트와 토큰 스왑을 주선하는 팀이나 개인은 기여자로 분류된다. 기여자는 비트 다오에 보조금을 요청할 수 있다.

비트 다오와 실제로 협력하거나 프로토콜을 작동할 방법을 함께 모색할 수 있는 파트너가 있으며, 가장 핵심 구성원은 비트 토큰 홀더다.

이러한 비트 다오를 고안한 벤 조우 바이비트 창업자는 크립토 시장에서의 성장을 위해 크립토 규제에 직면하는 대신 탈중앙화 방식을 선택했다. 그는 "만약 비즈니스를 수억에서 수조로 변화시키

커뮤니티 회원	기여자	파트너	비트 토큰 홀더
- 아이디어 공유 - 자금 지원 요청 또는 제안	- 비트 다오 프로토콜 개발, 또는 비트 다오 생태계 확장에 도움주는 개인, 팀 - 보조금 요청	- 비트 다오와 협력하는 팀 - 비트 다오가 자금 지원한 팀	- 가장 핵심 구성원 - 비트 다오에 올라온 제안에 대해 투표 및 결정

비트 다오 구성원

186

길 원한다면, 우리는 회사의 형태가 아니라 소셜 형태여야 한다"라고 말했다.[6]

비트 다오는 2021년 말 하버드, 옥스퍼드 등 미국을 비롯해 영국, 중국의 다양한 학생 그룹과 파트너를 맺고 에듀 다오를 만들었다. 에듀 다오는 프로젝트 보조금, 연구, 제품 개발을 위한 독립적인 운영 위원회 역할을 한다. 비트 다오는 에듀 다오에 매년 1100만 달러를 지원할 예정이며, 이들은 블록체인 혁신을 연구하고 설계할 계획이다.

만약 비트 다오가 판단하기에 에듀 다오가 비트 다오의 생각과 다르게 활동한다면 자금 지원을 중단할 수도 있는 길도 열어뒀다. 6개월 간격으로 자금 지원이 이뤄지고 자금 중단 여부는 비트 토큰 홀더들의 투표로 이뤄진다.

에듀 다오 외에도 비트 다오는 이더리움 블록체인 네트워크를 개선하는 프로젝트인 zk 다오에 2억 달러를, 이더리움 NFT 컬렉션 프로젝트인 플리저 다오에 650만 달러를 지원했다.

탈중앙화 철학을 지키며 수집품을 모으는 플리저 다오

플리저 다오[7]는 DAO의 철학을 가장 잘 담고 있는 수집 다오로 꼽힌다. 어딘가에 종속되지 않고 특정 주체에 의해 좌지우지되지 않으며 자유, 탈중앙화를 추구하는 사람들의 모임이다. 플리저 다오는 자신들이 추구하는 철학을 담은 NFT 작품들을 수집하고 자신들의 생각을 사회에 전파하고자 한다.

플리저 다오는 디지털 아티스트 피플플리저의 유니스왑 광고 작품 'x × y = k'를 구매하기 위해 2021년 3월 처음 만들어졌다. 당시 여러 투자자들이 플리저 다오를 결성하기 위해 52만 5000달러 규모의 자금을 모았다. 이후 특별한 NFT를 구매하는 본격적인 컬렉터블 DAO로 활동을 확대했다. 플리저 다오는 수십 명의 디파이 창업자들과 NFT 콜렉터, 디지털 아티스트들로 구성됐다.

플리저 다오가 만들어진 배경의 중심에는 피플플리저가 있다. 피플플리저는 크립토 시장에서 유명한 아티스트다. 특히 디파이 플랫폼인 아베^{Aave}, 스시스왑, 유니스왑, 얀, 피클 등과 함께 작품을 만든 후 그녀는 디파이와 크립토를 대표하는 아티스트로 자리 잡았다.

그리고 피플플리저는 탈중앙화 거래소 유니스왑의 광고 디지털 영상인 'x × y = k' NFT를 제작했는데 'x × y = k'는 유니스왑이 유동성 풀에 적용하는 공식이다. 유니스왑의 유동성 풀은 사용자들이 안정적으로 토큰을 거래할 수 있도록 알고리즘을 통해 관리된다.

'x × y = k'는 A 화폐의 x양과 B 화폐의 y양을 곱한 수 k는 변하지 않는 상수라는 의미다. A 화폐의 양이 변하더라도 상수 k를 유지하도록 B 화폐의 양도 변하는 방식이다. 이를 통해 그동안 A 화폐와 B 화폐를 교환(환전)하기 위해 금융기관을 통해야만 했던 일들을 컴퓨터 코드로 대체할 수 있게 된 것이다. 'x × y = k' 공식은 디파이와 크립토 시장에서는 상징적이며, 피플플리저의 'x × y =k' 작품 또한 혁신을 대표하고 무언가 특별하다고 확신한 이들이 플리저 다오로 뭉친 것이다.

이 작품은 NFT 마켓플레이스인 '파운데이션Foundation'에서 당시 52만 5000달러 상당인 310이더리움에 낙찰됐으며 플리저 다오의 소유로 돌아갔다. 당시 여성 아티스트 중에서는 파운데이션 사상 역대 최고 판매 금액이었다.

아티스트 피플플리저는 경매를 통해 얻은 수익을 기부한다고 밝혔는데, 플리저 다오는 피플플리저의 이러한 행동 또한 예술을 수집하고 큐레이션하고 위탁하는 DAO의 미션과 일치한다고 느꼈다.

피플플리저의 작품 경매 참여를 시작으로 플리저 다오는 본격적으로 DAO의 모습을 갖춰나가는 길을 선택했다. DAO 구성원들에게 투자 참여 비율에 따라 핍스 토큰$PEEPS을 분배했다. 'x × y = k' 작품과 경매 참여 후 남은 이더리움은 플리저 다오 트레저리를 통해 공동 소유했다. 플리저 다오는 NFT 자산에 관해 공동 소유를 한다는 의미 외에도 동일한 생각을 가진 개인들이 모여 조직 안에서 서로의 정신과 바람을 공유한 것에 의의를 뒀다.

플리저 다오는 2021년 4월 에드워드 스노든의 작품 '스테이 프리Stay Free'도 구매했다. 미국의 전 국가안보원NSA 요원이었던 에드워드 스노든은 미국 정부의 도청과 사찰 의혹을 폭로한 뒤 러시아에서 망명 생활을 하는 인물이다. 그는 자신이 폭로한 미국 정부의 감시 프로그램이 법을 위반했다고 판결한 미국 항소법원 판결문 위에 자신의 얼굴을 겹쳐 놓은 이미지를 NFT로 발행했다. 이 NFT 작품

명이 '스테이 프리'다. NFT 판매 수익은 에드워드 스노든이 이사로 있는 언론자유재단The Freedom of the Press Foundation에 돌아갔다.

플리저 다오가 스테이 프리 작품을 구매했을 때는 플리저 다오의 미션과 목적, 방향성이 만들어지던 시기였다. 플리저 다오는 서로 다른 개인이 모인 조직이지만 함께 공유한 정신을 묶는 무언가 열린 연결고리가 있다고 생각했으며, 그 연결고리가 스테이 프리 작품과도 관련 있다고 판단했다. 그래서 플리저 다오는 스테이 프리를 구매했다.

에드워드 스노든은 미국 정부의 감시를 폭로한 인물로 투명성에 관한 중요성을 알렸으며, 이 작품은 오픈 소스로 만들어져 투명성을 가졌다. 이 부분이 플리저 다오의 정신과 연결된다고 본 것이다.

플리저 다오는 스테이 프리 경매에 참여하기로 결정했지만 이더리움이 부족했다. 당시 경매 종료 4분 전에 플리저 다오의 명예회원인 피플플리저는 플리저 다오에 이더리움을 전송했고, 결국 플리저 다오는 2224이더리움(당시 550만 달러)에 낙찰받았다.

플리저 다오는 스테이 프리 구매를 계기로 단순한 DAO에 그치지 않고 하나의 운동으로 방향성을 잡았다. 플리저 다오는 커뮤니티, 자유, 탈중앙화를 상징한다. 커뮤니티에 의해, 그리고 커뮤니티를 위한 공동체. 초기 단계에는 상징적인 작품을 수집하지만 플리저 다오는 DAO와 그 작품 안에 있는 소유권을 민주화하는 방향으로 나아간다는 비전을 제시하고 있다.

방향성과 비전을 잡은 플리저 다오는 피플플리저의 작품 '함께 힘센 유인원들Apes Together Strong'과 토르Tor와 익스 셸즈ix shells의 작품 '해질녘에 꿈꾸는Dreaming at Dusk'도 구매했다.

플리저 다오는 2021년 9월에는 도지 NFT의 소유권을 여러 개로 나눠서Fractionalize '프랙셔널아트Fractional.art'에서 판매했다. NFT의 소유권을 나눠 하나의 NFT를 수많은 대체 가능한 토큰으로 만드는 것이다. 대체 가능한 토큰 하나하나가 NFT의 일부 소유권이다. 단일 NFT를 여러 사람이 나눠 가질 수 있는 방법이다.

플리저 다오는 도지 NFT^{Doge NFT}를 같은 해 6월에 400만 달러에 구매했고, 이를 대체 가능한 도그 토큰$DOG 169억 6969만 6969개로 분할했다. 도지 NFT의 당시 가치는 3억 3600만 달러였으며 도그 토큰은 한 개당 0.019달러에 판매했다. 분할된 NFT의 소유권 도그 토큰 중 20%는 스시스왑 경매를 통해 판매됐다. 도그 토큰은 스시스왑과 유니스왑을 통해 거래할 수 있다. 도그 토큰 중 25%는 도지 NFT 커뮤니티를 활성화하기 위한 파티 개최, 개발자 및 커뮤

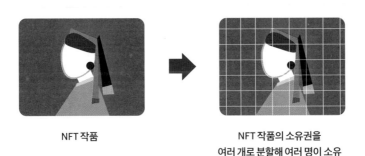

NFT 작품   NFT 작품의 소유권을
                여러 개로 분할해 여러 명이 소유

NFT 소유권을 여러 개로 나눠 투자하는 방식(프랙셔널 아트)

니티 매니저 채용 등에 사용하기 위한 커뮤니티 펀드로 남겨뒀으며, 55%(2023년 4월 기준)는 플리저 다오의 소유다. 고가의 예술작품이더라도 여러 명이 동시에 소유할 수 있다는 블록체인의 장점을 도지 NFT의 소유권 분할을 통해 보여준 것이다.

플리저 다오의 정신을 엿볼 수 있는 또 하나의 작품은 미국 힙합 그룹 우탱클랜Wu-Tang Clan의 앨범 '원스 어폰 어 타임 인 샤오린Once Upon a Time in Shaolin'이다. 이 앨범은 2007년부터 2015년까지 6년간 비밀리에 녹음됐으며 이 세상에 단 하나밖에 없는 앨범으로 제작됐다. 앨범은 2장의 CD와 31개의 트랙으로 구성됐다. 완성된 앨범은 가죽으로 덮인 상자 안에 니켈 및 은으로 도금된 '상자 안에 상자 안에 상자'에 넣어 포장했다. 이 앨범에는 엄격한 법적 조건이 있는데 소유자만이 앨범을 들을 수 있고 오프라인으로만 공개된 장소에서 틀 수 있으며 2103년이 되어서야 대중에게 공개될 수 있다. 그야말로 이 세상에 단 하나밖에 없는 작품으로 그 속성은 지금의 NFT와 유사하다.

이 앨범은 2015년 경매를 통해 헤지펀드 매니저이자 제약회사 대표였던 마틴 슈크렐리Martin Shkereli에게 200만 달러에 넘어갔다. 마틴 슈크렐리는 트럼프를 지지하지 않으면 앨범을 파괴하겠다고 위협하기도 했으며 보석으로 장식된 CD 케이스를 컵받침으로 사용해 우탱클랜의 팬들을 분노하게 만들었다. 마틴 슈크렐리는 2018년 금융 사기 혐의로 징역 7년을 선고받았고, 법원은 이 앨범을 포함한 슈크렐리의 재산을 몰수하라는 명령을 내렸다. 미국 법무부 지하 금고에 보관됐던 이 앨범을 플리저 다오가 구입했다.

우탱클랜은 웹3.0의 철학을 일찌감치 철학적으로 표현했다. 우탱클랜은 음반사와 음원 유통사가 낀 음악 유통 구조에 관해 비판적이었다. 아티스트와 팬 사이에서 수익을 착취하고 아티스트들의 마음과 영혼을 훔치면서 이익을 얻는 산업 구조라고 지적했다. 이는 웹2.0 시대 음반산업의 문제점과도 맞닿아 있다. 아티스트와 팬 사이에 중간 매개체를 다수 거쳐야만 하는 구조와 달리 웹3.0 시대에서는 NFT 아트로 창작자와 팬이 직접 연결되듯이 음악도 중간 과정을 줄일 수 있어 아티스트 사이에서는 웹3.0 음악을 눈여겨보는 경우가 많다. 이러한 시대의 흐름을 우탱클랜은 훨씬 이전부터 예견한 것이다. 이에 우탱클랜이 음반사와 유통사들이 음원 유통을 통해 수익을 낼 수 없는 방법으로 제작한 음반이 '원스 어폰 어 타임 인 샤오린'이었다.

플리저 다오는 이러한 철학이 담긴 '원스 어폰 어 타임 인 샤오린' 앨범이 웹3.0 철학과 플리저 다오의 정신과도 연결된다고 본 것이다. 플리저 다오는 이 앨범을 구매해 대중들에게 공개할 방법을 찾고 있다. 상업적으로 공개될 수 없기에 일반 음원 스트리밍에서는 이 앨범을 배포할 수 없어 음원을 NFT화하는 방식을 고려하고 있다.

플리저 다오의 작동 방식에 관해서는 자세하게 알려진 바는 없다. 수백 명에서 많게는 수만 명을 구성원으로 보유한 DAO와 달리 플리저 다오 구성원은 수십 명에 불과해 거버넌스나 작동 방식에 관해 공개하지 않은 것으로 보인다. 플리저 다오의 거버넌스 토큰인 핍스도 일반 거래소에서 거래할 수는 없다.

플리저 다오 구성원들은 플리저 다오의 트레저리에 있는 모든 예술 작품과 기금, NFT를 공동 보유한다. 만약 구성원 중 누군가 플리저 다오를 나가길 원한다면 플리저 다오 안에서 다른 구성원이 탈퇴하는 구성원의 토큰을 구매한다. DAO의 거버넌스는 그룹 채팅을 통해 조정된다.

플리저 다오는 '문화적으로 중요한culturally significant' 아이디어나 유래를 통해 제작된 작품들을 수집한다고 홈페이지를 통해 밝혔다. 또한 홈페이지를 통해 플리저 다오의 의미도 다음과 같이 설명했다.

"예술 수집 제국으로 불리는 DAO는 디지털과 커뮤니티 예술 소유에 관한 새로운 개념을 실험하고 있다. DAO 구성원들은 커뮤니티에 의해 분배되고 소유되는 분할된 작품 조각과 같은 아이디어들을 탐색하고 있다. 단순히 작품 조각의 소유권을 공유하는 것을 넘어 이러한 수집은 가치를 더하고 전파하기 위해 디파이와 함께 창의적인 혁신을 적용할 계획이다."[8]

플리저 다오는 DAO가 미래라고 판단하고 있다. 디파이가 금융 분야에서 중간매개체를 대신하는 것처럼 DAO가 정부부터 크거나 작은 조직까지 다양한 조직 구조를 포함할 수 있을 것으로 봤다.

"자본은 정보의 속도에 맞춰 움직일 것이고 협업은 과거의 시스템으로부터 벗어나게 될 것이다. DAO는 원활한 디지털 조정을 가능하게 하고 커뮤니티 기반의 미래로 이끌어 개인의 영향력을 확대하고 권력 구조에 도전할 수 있는 권한을 줄 것이다."[9]

플리저 다오의 목표는 NFT의 '메디치 가문'이 되는 것이다. 많은 디지털 아티스트들이 도전할 수 있도록 이들을 발굴하고 지원하기 위해 미술품 수집, 인큐베이팅, 엔젤 투자에 중점을 둔다.

더 많은 NFT 투자와 수집 활동을 위해 플리저 다오는 자본을 확충하고자 실리콘밸리 벤처캐피털 앤드리슨 호로위츠로부터 2021년 12월 투자를 받았다. 정확한 투자 금액은 밝혀지지 않았지만, 앤드리슨 호로위츠의 플리저 다오 거버넌스 토큰 소유 비율은 5% 미만으로 알려졌다.[10]

이후 플리저 다오는 2022년 2월에도 투자 유치에 성공했다. 시장조사업체 피치북Pitchbook에 따르면 플리저 다오는 당시 총 6900만 달러 규모의 투자를 받았다. 블록체인 미디어 '더블록The Block에 따르면[11] 플리저 다오는 약 10억 달러로 가치 평가를 받는 걸 목표로 하고 있었다. 다만 플리저 다오 대변인은 이에 관한 답변을 거부했다.

6900만 달러 규모의 투자 유치에 성공하면서 플리저 다오의 보유금은 7895이더리움(당시 1880만 달러 규모)에서 2022년 2만 7725이더리움(약 6600만 달러 규모)로 늘어나고 스테이블코인인 USDC는 300만 달러 규모로 증가한 것으로 추측된다. 플리저 다오의 총 자산도 8360만 달러에서 1억5360만 달러로 늘어났다.

12장

소셜 다오

　같은 취미나 취향을 가진 사람들이 인터넷 커뮤니티에 모여 정보를 공유하고 생각을 나누는 일은 흔하다. 누가 시키지 않아도, 수익이 나는 활동이 아니라도 커뮤니티에서 적극적으로 활동에 참여하는 사람들도 많다.

　이러한 조직의 형태는 DAO에서도 흔히 볼 수 있다. 비슷한 생각을 가진 사람들이 한곳에 모여 의견을 나누면서 좋은 생각은 더 확대되고 재미난 프로젝트나 캠페인이 벌어진다. 이를 소셜 다오Social DAO라고 한다.

웹3.0의 르네상스 운동 FWB

"가장 큰 DAO는 아니지만 가장 붐비는 DAO"[12]

《뉴욕타임스》는 FWB 다오Friends With Benefits DAO에 관해 이렇게 설명했다. DAO 중에서도 가장 활발하게 활동한다는 의미다. FWB는 소셜 다오를 가장 잘 설명하는 DAO 중 하나다.

FWB는 탈중앙화된 크리에이티브 스튜디오다. 크립토와 문화, 예술 분야에 관한 아이디어를 공유하고 서로의 참신한 아이디어를 펼쳐나갈 수 있도록 구성원을 지원하는 커뮤니티다. 2023년 4월 8일 기준 FWB의 토큰 홀더는 7400여 명이며 FWB의 정식회원은 400명 이상이다. 아티스트, 개발자, 창작자 등 다양한 사람들이 FWB에 모였다. 이들은 창작물을 만들어내기 위해 끊임없이 대화하고 실험한다.

FWB는 웹3.0가 크리에이터들에게 힘을 불어넣어주는 잠재력을 갖고 글로벌 커뮤니티를 통해 개인을 연결하고 지식과 자원을 분산한다고 봤다. 이러한 웹3.0의 특징을 실현하는 것이 FWB 다오의 비전이자 목표다.

FWB 다오는 16개의 소규모 커뮤니티로 나뉘어 구성원들이 활동하고 있다. 커뮤니티의 종류는 다양하다. 웹3.0에 관한 글을 쓰는 커뮤니티, FWB가 활동하는 데 필요한 앱을 개발하는 커뮤니티, FWB 갤러리를 운영하는 커뮤니티 등이 있다.

FWB는 디지털 사업가 트레버 맥페디스Trevor McFedries가 2020년에 자신의 친구들과 예술, 음악 세계에 관해 이야기할 온라인 클럽을 만드는 것에서 시작된 아이디어다. 그는 온라인 클럽을 만들면서 FWB 토큰$FWB을 만들었고, 자신의 트위터 팔로워 중 일부에게 토큰을 보냈다. 토큰이 클럽에 모인 사람들이 더 재밌게 놀고 참여를 유도할 수 있는 동기 부여가 될 것이라고 생각했고, 그의 생각은 맞아떨어졌다.

FWB 토큰은 누구나 구매할 수 있지만 FWB 토큰이 있다고 해서 정식 회원이 되는 건 아니다. 기존 FWB 구성원들로부터 가입 승인을 받고 FWB 토큰을 사야만 정식 회원이 될 수 있다.

가입 절차를 보면, 우선 FWB에 가입하고자 하는 신청자는 가입 신청서를 작성한다. FWB 위원회가 신청서를 검토하고 신청자가 FWB 커뮤니티에 도움이 되는 사람인지, DAO 문화를 잘 이끌어갈 수 있는지를 확인한다. 신청자의 가입이 승인되면, 가입 신청자에게 $FWB 토큰 구매 방법을 안내해준다.

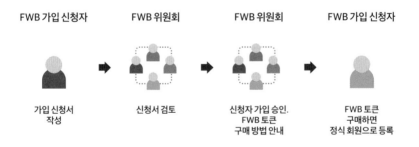

FWB 가입 신청자	FWB 위원회	FWB 위원회	FWB 가입 신청자
가입 신청서 작성	신청서 검토	신청자 가입 승인. FWB 토큰 구매 방법 안내	FWB 토큰 구매하면 정식 회원으로 등록

FWB 회원 가입 절차

가입 승인이 떨어지면, 신청자는 FWB 디스코드 서버에 가입하고 FWB 토큰을 구매하면 정식 FWB의 커뮤니티 구성원으로 활동할 수 있다. FWB 토큰 75개를 구매하면 글로벌 회원, 5개를 구매하면 로컬 회원이 된다.

글로벌 회원이 되면 디스코드의 모든 채널, 콘텐츠, 이벤트 등 FWB 커뮤니티의 모든 활동에 참여할 수 있다. FWB에서 새로운 제품이 출시되면 먼저 받거나 구매할 수 있는 우선권도 주어지며 FWB 안에서 투표할 수 있는 권한도 생긴다. FWB를 위해 일을 한 기여자는 보상금으로 FWB 토큰을 받을 수 있다.

로컬 회원은 FWB의 뉴스레터와 회원이 살고 있는 지역 이벤트 등에만 참여할 수 있다. 아직은 대부분의 지역 이벤트는 미국과 영국을 중심으로 이뤄지고 있다.

그동안 FWB는 다양한 활동을 해왔다. FWB는 2023년 초 FWB 멤버들을 위한 소셜 플랫폼 앱 '웰컴 홈Welcome Home'을 만들어 출시했다. 이 앱에서는 멤버들끼리 협력하고 생각을 나누고 소셜 활동을 할 수 있다. DAO를 위한 거버넌스 제안도 할 수 있다. 그동안 디스코드, 트위터, 그룹별 채팅 등 여러 플랫폼에서 분산되어 진행됐던 커뮤니티 활동들을 이 앱에서 할 수 있게 된 것이다. 광고도, 알고리즘도, 스팸도 없는 FWB 멤버만을 위한 플랫폼이자 공간이다.

또 FWB 홈페이지 안에서 NFT 갤러리를 만들고, 웹3.0 에디토리얼 벤처를 운영하고 있다. 그리고 FWB 다오는 식음료 스타트업 타이카Taika와 협력해 첫 번째 실물 제품인 예르바 마테yerba mate차(남아메리카 전통 음료로 허브티의 일종)를 개발해 판매했다. 이 차는 NFT 와도 연계해 NFT를 보유한 사람들이 제품 출시 과정에서의 의사 결정에 참여할 수 있도록 했다. 2022년 8월에는 미국 캘리포니아 주에 있는 아이딜와이드 예술 아카데미 캠퍼스를 인수해 주말 동안 'FWB 페스트Fest' 축제를 개최했다. 축제에서 사회 정의, 웹3.0, NFT 등의 주제에 관해 토론하고 함께 즐겼다. 2023년에도 FWB 페스트 개최에 관한 제안이 거의 만장일치로 통과됐다.

FWB의 다양한 활동 중 눈에 띄는 활동은 지원금 프로그램과 건강 관리 혜택 제공이다. FWB 구성원들이 실험적인 프로젝트에 도전할 수 있도록 최대 1만 달러까지 FWB에 지원금을 신청할 수 있다. FWB는 실험적인 프로젝트를 지원하는 것이 더 많은 성장으로 이어지고 이것이 FWB만의 커뮤니티 문화로 자리 잡을 것이라고 보고 있다.

또 FWB는 커뮤니티를 위해 일을 하는 기여자들에게 보상금으로 FWB 토큰을 주는 것 외에 건강 관리 혜택도 제공하고자 한다. 보통 DAO나 웹3.0에서 기여자들이 프리랜서처럼 작업을 하고 이에 관한 보상금을 토큰으로 받게 된다. 기존 기업의 정규직과는 다른 형태의 일자리이기 때문에 직장에서 제공하는 건강 관리 혜택을 받지 못한다. 이에 FWB는 DAO를 위해 일하는 기여자들도 건강 관리 혜택이 중요하다고 보고, 이를 위한 구조를 개발하고 있다.

FWB 다오는 FWB를 안정적인 커뮤니티로 이어갈 수 있도록 분기마다 전략과 계획, 예산안을 세워 구성원들의 승인을 받는다. 예를 들어 2023년 2분기에는 멤버십 구조 변경 계획을 밝혔다. 정식 회원이 되기 위해 FWB 토큰 75개 보유 대신 멤버십 기반의 NFT 구매로 변경하는 제안이다. NFT 2차 판매에 관한 수수료 수익을 얻을 수 있을 뿐 아니라 다양한 유스케이스도 만들 수 있기 때문이다. 또 FWB 다오가 장기간 지속 가능한 조직이 될 수 있도록 비기업 비영리 단체UNA, Unincorporated Nonprofit Association 형태로 구성하는 걸 제안했다. 이러한 내용이 포함된 2023년 2분기 전략 및 예산안은 구성원들의 투표에서 약 94%의 찬성으로 통과됐다.

이렇게 활발하게 활동하는 FWB는 더 성장하기 위해 비즈니스 모델도 만들었다. 자금이 풍부해야 FWB 구성원들의 문화 및 창작 활동을 지원하고 커뮤니티 생태계를 확장할 수 있기 때문이다. 2023년 초 현재 FWB의 비즈니스 모델은 크게 로열티, 파트너십 수수료, 티켓으로 나뉜다. FWB는 커뮤니티 내에서 의미 있는 NFT 작품 등을 경매를 통해 판매하고 작품 규모에 따라 5~10% 수수료를 받는다. 또 웹3.0 세상에서 다양한 기업이나 프로젝트와 파트너십을 맺고 수수료를 받는다. NFT 마켓플레이스인 오픈시, 슈퍼레어, 탈중앙화 거래소 유니스왑 등과 파트너십을 통해 이벤트부터 제품 컬래버레이션까지 다양한 활동들을 해왔다. 또 FWB는 'FWB FEST'와 같은 자체 행사를 개최하는 동시에 티켓을 판매하기도 한다.

자체적으로 수익 활동을 진행하는 것 외에도 FWB는 2021년 벤처캐피털 앤드리슨 호로위츠로부터 1000만 달러 규모의 투자도 받았다. 당시 가치는 1억 달러로 평가받았다.

앤드리슨 호로위츠는 투자를 결정하면서 FWB를 이탈리아 르네상스의 중심지인 베니스와 실리콘밸리 포럼인 '홈브루 컴퓨터 클럽Homebrew Computer Club'에 비유했다. 베니스가 르네상스의 중심지라고 알려졌지만 실제로 가장 획기적인 혁신과 발명품은 베니스에서 탄생하지 않았다. 다른 지역에서 탄생한 발명품이 상인 계급이 많았던 베니스로 모였다. 세계의 여러 자원 중 가장 좋은 것들이 베니스에 모인 것이다. 이러한 아이디어, 콘셉트 등이 조합되고 체계화되어 베니스는 한때 유럽에서 가장 부유한 도시가 됐다. 또 실리콘밸리 포럼인 홈브루 컴퓨터 클럽은 아이디어를 공유하기 위한 포럼이었다. 여기서 스티브 잡스와 스티브 워즈니악이 만나 1976년 첫 애플 컴퓨터를 만들었다. 앤드리슨 호로위츠의 카라 우Carra Wu와 크리스 딕슨Chris Dixon은 이렇게 말했다.

"파괴적인 혁신은 처음엔 장난감처럼 보이기도 한다. 똑똑한 사람들이 모여 그들이 열정적으로 좋아하는 취미에 협력할 때 파괴적인 혁신이 나타난다."[13]

똑똑하고 열정적인 사람들이 모인 곳에 혁신이 일어나고 새로운 문화가 꽃피게 된다는 의미다. 예전 베니스에서 르네상스가 개화됐던 건 베니스에 새로운 문화를 처음부터 만들었기 때문이 아니라, 베니스엔 상인 계급이 새로운 아이디어를 모아오는 자금력과 정치력이 있었고, 이를 통해 베니스에 모인 아이디어는 새로운 문화를 만들었다. 앤드리슨 호로위츠는 FWB가 과거의 베니스와 홈브루 컴퓨터 클럽과 같이 열정적이고 혁신적인 사람과 자원을 모으고 여기서 새로운 문화가 탄생할 것이라고 본 것이다.

FWB 다오가 높이 평가받는 이유는 FWB가 아무나 회원으로 들어올 수 없도록 만든 장치 때문일 수도 있다. 활발하게 참여하고 커뮤니티 성장에 도움될 회원들만 받겠다는 일종의 '물관리' 장치다. 사실 많은 커뮤니티가 처음엔 거창하게 시작했지만, 구성원들의 지속적인 활동을 이끌지 못해 시간이 지나면 커뮤니티 활동이 흐지부지되는 경우가 많다. 또는 각자 생각의 차이가 있어 처음에 모였으나 곧 실망하고 떠나는 경우도 있다.

FWB가 2022년 8월 진행한 설문조사에서 'FWB에 참여하는 가장 중요한 이유가 무엇인가'라는 질문에 약 74%가 '같은 생각을 가진 사람들로 구성된 선별된 커뮤니티에 관한 접근'이라고 답변한 만큼 FWB는 공통점들이 많은 사람들이 모인 곳으로 볼 수 있다. FWB가 '그들만의 리그'라고 비판받을 수도 있겠지만, 커뮤니티가 지속적으로 잘 활동할 수 있는 기반이 되는 요인이기도 하다.

웹3.0의 디즈니를 꿈꾸는 두들스

많은 DAO가 NFT가 아닌 대체 가능한 거버넌스 토큰을 활용해 조직을 운영한다. 반면 두들스Doodles는 NFT가 거버넌스 토큰의 역할을 한다.

두들스는 크립토펑크나 BAYC처럼 1만 개의 PFP NFT 프로젝트다. PFP NFT는 몇 가지의 특성을 조합해 만든 이미지로 프로필 이미지로도 사용할 수 있는 NFT 시리즈다. 두들스는 사람, 고양이, 피클, 외계인, 해골, 불꽃 등의 독특하고도 귀여운 이미지로 만들어졌다. 두들스는 2021년 10월 0.123이더리움으로 처음 발행됐다. 2022년 4월 2.5이더리움 이상으로 거래되고 있다.

두들스는 NFT가 처음 발행되기 전부터 크립토 신에서 많은 주목을 받았다. 두들스를 만든 이들은 이미 업계에 유명인이다. 에반 키스트Evan Keast와 조던 카스트로Jordan Castro, 스콧 마틴Scott Martin이 모여 두들스를 만들었는데, 이들은 두들스 커뮤니티 안에서는 각각 튤립Tulip, 푸피Poopie, 번트 토스트Burnt Toast라는 닉네임으로 활동한다. 이들 '두들스 팀'을 중심으로 두들스 생태계가 확장되고 있다.

에반 키스트는 크립토키티 등을 개발한 대퍼랩스에서 근무했으며 업계에서 유명한 NFT 컨설턴트다. 그는 NBA 톱샷, 치즈 위자드Cheeze Wizards 등과도 협업했다. 조던 카스트로도 대퍼랩스에서 근무했다. 캐나다 아티스트인 스콧 마틴이 두들스의 일러스트 작업을 했는데, 점을 찍은 듯한 눈 두 개의 귀엽고 단순한 이미지의 그의 그림체는 이미 일러스트와 아트계에서는 유명하다. 그는 드롭박스, 메타, 구글, 레드불 등과도 협업했다.

이들은 두들스를 발행하기 전에 먼저 디스코드에 두들스 채널을 열어 두들스에 관심 있는 사람들을 모았다. 디스코드 채널에 가입한 사람이 1000명이 넘어가자 갑자기 채널에 더 이상 새로운 가입자를 받지 않았다. 두들스를 발행한 후에 다시 디스코드 채널을 열었지만, 두들스 채널에 들어가고 싶어도 못 들어가도록 만들어 두들스에 관심 있는 사람들을 더 안달 나게 만든 전략이었다. 실제로 저스틴 비버, 스티브 아오키, 게리 베이너척 등 유명인들도 두들스 NFT에 관심을 보였다.

BAYC의 세계관이 '크립토로 갑자기 부자가 된 원숭이들이 삶이 지루해져 늪으로 들어갔다'이듯이 많은 NFT 프로젝트들은 세계관이 있다. 두들스도 마찬가지다. 두들스가 우주로 가게 된다는 설정이다. 여기까지는 다른 NFT 프로젝트와 유사하지만 다른 점이 있다.

BAYC는 강아지 이미지인 BAKC NFT와 돌연변이로 변할 수 있는 물약 NFT를 통해 만들어진 MAYC NFT를 추가로 발행해 BAYC NFT 보유자들에게 나눠줬다. BAYC NFT 초기 보유자는 추가로 NFT를 받을 수 있는 혜택이 생겼지만, 장기적으로 봤을 때는 BAYC 세계관 전체에 NFT의 공급량이 많아져 희귀성이 떨어진다는 약점으로 작용할 수 있다. 희귀성이 떨어지면 가치도 하락한다. BAYC 뿐 아니라 BAYC를 참고한 여러 NFT 프로젝트들이 처음 발행한 PFP NFT의 보유자들에게 특별한 혜택과 가치를 더해주고자 세계관을 바탕으로 새로운 NFT를 발행하곤 한다.

하지만 두들스는 다른 방법을 선택했다. 두들스는 2022년 2월 '스페이스 두들스'를 선보였다. 두들스 보유자들은 기존에 가지고 있던 두들 NFT를 우주선을 탄 두들 NFT로 바꿀 수 있게 됐다. 두들 NFT와 우주선을 탄 두들 NFT, 두 개 모두 보유하게 되지만 두 개를 동시에 사용할 수는 없다. 한마디로 두들이 우주로 떠날 때는 우주선을 탄 두들이 되고 지구나 다른 행성에 도착했을 때는 우주선에서 내린 기존의 모습 두들로 변하는 것이다. 이를 통해 NFT의 총공급량은 늘리지 않으면서 두들 NFT 보유자들은 두 가지의 NFT를 가진 효과를 누릴 수 있다.

두들 NFT 프로젝트가 주목을 받으면서 두들스 팀은 향후 두들스와 유사한 PFP NFT가 무분별하게 등장하는 문제가 생길 것을 예상했다. 이에 두들스 팀은 두들스 NFT를 기반으로 파생된 NFT 프로젝트를 완전히 금지하는 것이 아니라 공식적으로 제안받기 시작했다. 두들스 DAO에는 수많은 프로젝트 제안이 올라왔고 구성원들은 투표했다. 이 가운데 두들스와 비슷한 느낌을 내면서 면으로 변형한 '누들스Noodles'와 두들스에서 사용하는 파스텔톤의 '푸켄자Pukenza'가 통과됐다. 이 NFT 프로젝트만 두들스의 파생 프로젝트로 인정해줬으며 나머지는 스캠으로 인식하게 만들었다.

두들스는 구성원들을 위해 오프라인 행사도 진행했다. 2021년 12월에는 '아트 바젤 마이애미' 기간 동안 '더 하트 프로젝트'와 함께 대규모 이벤트를 개최했다. 이 행사에는 갤러리, 독점 상품, 라이브 음악 연주 등이 진행됐다. 2022년 6월 뉴욕에서 열리는 대규모 NFT 행사 'NFT.NYC'에서는 '두들스 제네시스 팩토리'를 개최했다. 이 자리에서는 두들스 첫 자금 유치와 두들스 2, 두들스 앰범 등의 계획을 발표했다.

두들스는 한 개의 두들 NFT가 하나의 투표권을 의미한다. 다른 DAO처럼 두들 NFT 보유자들은 두들스 다오Doodles DAO 구성원으로 커뮤니티를 성장시킬 수 있는 제안을 하거나 의견을 제시하고 투표를 할 수 있다. 이와 같은 거버넌스 시스템을 '두들 뱅크Doodle Bank'라고 부른다. NFT를 발행해서 모은 자금과 두들스 2차 거래를 통해 걷어들인 수수료 등의 자금은 커뮤니티 트레저리에 보관되어 두들 뱅크에서 투명하게 관리된다. 두들스 NFT를 처음 발행한 후 트레저리에는 420이더리움이 쌓였다. 트레저리 자금은 두들스 브랜드의 마케팅 활동, 디지털 경험, 콘텐츠 및 이벤트, 직원 고용, 새로운 아이디어 실행 등을 위해 활용된다.

두들스 다오에 제안하고 투표하는 과정은 다른 DAO와 유사하다. 두들 NFT 보유자 중 새로운 아이디어가 있다면 두들 뱅크 포럼에 제안을 먼저 올린다. 커뮤니티 안에서 아이디어에 관한 여러 피드백을 받는다. 피드백과 토론이 충분하게 이뤄지고 난 뒤 아이디어에 관한 구성원들의 여론 확인을 위한 예비 투표를 시행한다. 최소 정족수는 전체 NFT 수량의 15%인 1500이며 참여 투표수 중 최소 51% 이상의 찬성표를 받아야 최종 투표로 올릴 수 있다. 예비 투표를 통과하면 제안에 비즈니스, 법적 사항, 금융적인 부분 등을 보강한 자세한 내용을 담고 최종 투표 단계에 오른다. 제안을 실행할 때 투입되는 재정적 규모에 따라 최소 정족수가 달라진다. 제안을 실행할 때 필요한 자금은 커뮤니티 트레저리에서 사용한다.

만약 필요한 자금이 10이더리움 미만이면 최소 정족수는 전체 NFT 수량의 5%, 10~25이더리움이 필요하면 10%, 25이더리움을 초과하게 되면 15%다. 여기에 참여 투표수 중 절반 이상의 찬성표를 받아야 최종 승인이 되고 실행으로 이어진다.

두들스 팀은 두들스 다오 구성원들을 위해 앞으로도 다양한 활동을 펼쳐나갈 예정이다. 대표적인 행보가 두들스 2다. 2022년 6월 열린 NFT.NYC에서 두들스 팀은 두들스 2에 관한 대략적인 계획을 발표했으며 2023년 초엔 두들스 2가 '플로우Flow' 블록체인에서 발행될 것이라고 밝혔다.

2022년 10월 기준으로 두들스 2는 두들스 기본단계base-level를 발행해 새로운 구성원들이 두들스 생태계에 참여할 수 있는 길을 열 계획이다. 기본단계의 두들스는 기존 두들스와는 다르게 피부색이나 머리색과 같은 기본 특성과 웨어러블을 통해 자신의 두들을 커스터마이징할 수 있어 다양한 개성이 정해지게 된다. 두들스 2는 NFT 보유자가 그들의 선호에 따라 모습이 변할 수 있는 다이내믹 NFT가 될 것이다.

두들스는 두들스 2와 연계된 '제네시스 박스Genesis Box' NFT를 성공적으로 발행했고 이 제네시스 박스는 두들스 2를 커스터마이징할 때 필요한 첫 액세서리 세트로, 두들스 2 생태계에서 중요한 역할을 할 예정이다. 총 2만 4000개의 제네시스 박스가 발행됐으며 NFT.NYC에서 두들스 NFT 보유자와 행사 방문자는 제네시스 박스 4000개를 획득할 수 있었다.

또 두들스는 '두플리케이터Dooplicator'를 2022년 5월 선보였다. 아직 정확하게 어떠한 용도인지 공개되지는 않았지만, 두들스 팀은 두들스의 속성을 두들스 2로 가져올 수 있는 '슈퍼 파워 장치'라고 부르며 두들스 2를 넘어 영구적인 효용이 있다고 설명했다.

두들스는 음악, 애니메이션, 제품, 게임, IP 파트너, 이벤트 등을 중심으로 활동을 이어나가 웹3.0 엔터테인먼트 회사로 성장하겠다는 계획이다. 이를 위해 두들스는 지적재산권 구축에 관한 전문성이 필요하다는 판단에서 2022년 5월 빌보드 전 대표였던 줄리안 홀갱Julian Holguin을 파트너이자 CEO로 영입했다. 음악, 게임, 프리미엄 콘텐츠, 제품 등으로 두들스를 확대하기 위해서다. 또 두들스는 최고 브랜드책임자(CBO)로 파렐 윌리엄스Pharell Williams를 영입했다. 음악 프로젝트와 애니메이션 필름 등을 제작하기 위해서다.

두들스는 2023년 1월엔 애니메이션 스튜디오 '골든 울프Golden Wolf'를 인수하면서 "내러티브 스토리텔링, 세계관 구축, 캐릭터 개발은 우리가 하는 모든 일의 중심이 될 것이다"라고 트위터를 통해 말했다.[14] 이 인수는 두들스가 웹3.0 세상에서 두들스의 IP를 더욱 강화하려는 중요한 신호로 볼 수 있다.

그리고 난 뒤 파렐 CBO가 참여한 '두들스 레코드: 볼륨1Doodles Records: Volume1' 음반을 공개했다. 이 음반은 스콧 마틴이 작업했고 두들스2.0 한정판 웨어러블도 포함된다. 이 앨범은 NFT로만 판매되며 두들스2.0 보유자들은 그들의 NFT에 적용해 새로운 애니메이션 NFT로 만들 수 있다.

두들스는 엔터테인먼트 사업을 염두에 두고 두들스 지적재산권을 직접 보유하고 있다. BAYC가 IP 사용 권한을 열어 NFT 보유자들이 자신이 소유한 BAYC NFT 이미지를 마음껏 활용할 수 있도록 한 것과는 다른 모습이다. 두들스의 IP는 두들스 팀이 직접 관리하고 브랜드에 관한 메시지를 하나로 통일해 전달하겠다는 의미다. 크립토슬램CryptoSlam 임원 칼푸Calpu는 이렇게 말했다.

"프로젝트(두들스 팀)가 이미지 사용 권리를 제한한다는 것은 기존 전통 회사들과 협력하기 위해 두들스의 잠재적 브랜드 가치를 보고 있다는 의미다. 두들스 팀은 그들 자체로 창의성이 뛰어나기 때문에 두들스 커뮤니티에 아웃소싱할 필요가 없다."[15]

이러한 활발한 행보와 로드맵으로 두들스는 776, 10T 홀딩스, 애크류 캐피털Acrew Capital, FTX 벤처스로부터 5450만 달러 규모의 투자를 받았다. 투자금은 음악, 문화, 엔터테인먼트 산업을 통해 두들스 생태계와 두들스 IP를 수익화하는 데 사용할 예정이다. NFT, DAO를 포함한 웹3.0 산업에서 다른 어떤 프로젝트보다 창의적으로 DAO를 잘 활용하는 프로젝트로 인정받은 것이다.

두들스의 활동을 보면 다른 DAO보다는 덜 탈중앙화적이라고 느껴진다. 나운스 다오와 비교해보면 차이점을 확실하게 느낄 수 있다. 나운스가 다오 구성원들과 함께 나운스 IP를 만들어나가는 콘셉트라면 두들스는 핵심 구성원들이 IP를 만들어나가고 DAO는 팬을 모은 커뮤니티라고 느껴진다. 대부분의 DAO는 DAO 활동과 성장을 위한 새로운 제안은 구성원이 시작하고 여기서 결정되는 일들을 DAO가 고용한 직원들, 또는 처음 DAO를 구성한 사람들이 중심이 되어 실행한다. 하지만 두들스는 두들스를 처음 만든 3명의 창립자인 두들스 팀을 중심으로 많은 일들이 벌어진다. 다만 모든 것을 두들스 팀이 독단적으로 결정하지는 않는다. 중간에 구성원들의 의견을 묻고 구성원들의 새로운 제안도 받아들이는 방식이다. 완전한 탈중앙 방식으로 가기보다는 중심에 두들스 팀이 있기 때문에 탈중앙화에서 오는 단점은 줄이면서 두들스가 계속 주목받는 NFT 프로젝트이자 DAO로 성장하고 있는 것이다.

BAYC 유니버스의 중앙은행, 에이프코인 다오

BAYC는 세계에서 가장 유명한 NFT 프로젝트다. BAYC NFT 보유자만을 위한 혜택과 그들만의 즐길거리, 생태계를 만들면서 크립토 세계에서 가장 유명하고 활발한 소셜 클럽으로 자리 잡았다. BAYC를 개발한 유가랩스는 여기에 그치지 않고 BAYC 생태계를 더 확장하고 있다. BAYC 유니버스를 만든 것이다.

BAYC에 관해 먼저 살펴보면, BAYC는 유가랩스에서 발행한 1만 개의 PFP NFT다. NFT 이미지는 원숭이 상반신을 담았으며 BAYC에서 파생된 돌연변이 원숭이 MAYC NFT, BAYC의 강아지 BAKC NFT 등이 있다. BAYC는 처음 발행했을 때부터 NFT 보유자만을 위한 혜택과 이벤트 등을 제공하면서 소셜 클럽으로 자리를 잡아갔다. 또 BAYC 이미지 라이선스를 NFT 보유자들에게 풀어 자유롭게 활용할 수 있도록 했다. BAYC NFT 보유자들은 자신이 보유한 원숭이 이미지를 활용한 티셔츠, 머그컵 등을 만들어 판매하기도 했으며 와인 브랜드로 확장하기도 했다. 자신의 원숭이 캐릭터에 특별한 서사를 부여해 소설을 쓰기도 하고 유명 기획사와 손잡고 밴드로 데뷔시키기도 했다. 이렇게 BAYC의 시작은 유가랩스가 만들었지만 BAYC NFT 보유자들이 직접 생태계를 확장해나가면서 BAYC는 크립토 세계에서 가장 유명한 프로젝트가 됐다.

유가랩스는 BAYC의 생태계 확장을 여기서 그치지 않았다. 2022년 초 BAYC 유니버스의 모습을 하나둘씩 공개하기 시작했다. BAYC 캐릭터 생태계를 넓혀 하나의 유니버스를 만들겠다는 계획이다. 웹 3.0 성격에 맞게 유가랩스가 모든 것을 운영하고 결정하는 것은 아니며 DAO를 통해 탈중앙화 철학을 적용했다.

BAYC 유니버스의 핵심은 메타버스 공간인 '아더사이드Otherside', 메타버스 공간에서 사용하는 화폐인 '에이프코인', 메타버스에서 활동하는 아바타는 BAYC다. 유가랩스는 에이프코인을 2022년 3월 발행했고 2023년 4월 현재 아더사이드를 MMORPG(다중 접속 역할 수행 게임)로 개발하고 있다. MMORPG란 게임 '리니지'처럼 적게는 수천 명에서 많게는 수백만 명이 동시에 게임에 접속하고 게이머들이 각자 자신의 캐릭터를 통해 직업을 갖고 역할을 수행하며 즐기는 게임을 말한다. 아더사이드는 아바타들의 게임 공간이자 생활 공간이다. 아더사이드 안에 토지, 자원, 캐릭터, 아이템은 NFT로 발행된다. 크리에이터들은 아더사이드 안에서 활용할 수 있는 NFT를 만들고 판매해서 수익을 얻을 수 있다. 개인이 게임 안에서 생산활동을 하고 수익을 낼 수 있다는 점이 게임 내에 NFT를 도입하는 가

장 큰 특징 중 하나다. 유가랩스 공동창업자인 그렉 솔라노^{Greg Solano}
는 "사람들은 매년 1200억 달러를 디지털 자산과 게임에 소비한다.
이는 매몰비용이다. (…) 크리에이터에게 인센티브를 제공하자는 기
본 아이디어가 있었다. 지난 20여 년간 사용자가 만든 콘텐츠로는
사용자가 직접 수익을 창출할 수 없었다"라고 말했다.[16]

이처럼 게임 안에서 개인이 직접 생산물을 만들고 이를 통해 수
익을 낼 수 있는 경제 시스템을 구축하기 위해 유가랩스는 에이프
코인을 만들고 에이프코인 보유자들을 중심으로 한 '에이프코인 다
오'를 만들었다. BAYC 유니버스를 웹3.0 경제로 풀어나가기 위해
서였다. 웹3.0 생태계 안에서 활용되는 화폐에 관한 정책은 소수의
권력이 아닌 코인을 보유한 사람들이 직접 결정하도록 한다는 탈
중앙화 정신을 에이프코인 다오를 통해 구현했다. 에이프코인 다오
구성원들이 화폐나 금융 정책 관련 전문가들은 아니지만 집단 지성
의 힘으로 느리더라도 함께 관련 문제를 해결해나가겠다는 시도다.

BAYC와 아더사이드, 에이프코인은 유가랩스가 개발했지만 유
가랩스는 BAYC와 아더사이드를 관리하고 에이프코인 생태계는
에이프코인 다오가 관리한다. 에이프코인 다오는 에이프코인의 트
레저리 사용, 에이프코인 활용 방안, 규칙 설정, 파트너십 체결 등
의 사안을 결정한다. 에이프코인 다오는 에이프코인 재단을 만들어
DAO에서 결정된 사항을 에이프코인 재단이 이행하도록 했다. 한
마디로 에이프코인 다오는 에이프코인의 통화 정책을 결정하는 중
앙은행과 같은 역할을 한다고 볼 수 있다.

에이프코인은 아더사이드 및 BAYC의 경제 생태계를 만들어가는 기축통화 역할을 한다. 즉, 생태계에서 유틸리티 토큰으로 활용되며 아더사이드의 토지나 아이템을 구매할 때 사용하는 화폐다. 원화나 달러 등의 화폐가 경제의 매개 역할을 하듯이 아더사이드 메타버스 안에서도 에이프코인이 경제가 돌아갈 수 있도록 화폐 역할을 하는 것이다. 에이프코인은 에이프코인 다오의 거버넌스 토큰 역할도 한다. 이외에도 에이프코인 생태계에서 만들어지는 다양한 이벤트와 서비스에 접근할 수 있는 접근 권한, BAYC 및 에이프코인 생태계 서드파티 개발자들에게 제공할 수 있는 보상금 등으로 활용된다. 에이프코인 다오에는 DAO의 가치를 유지하기 위한 다음의 지침도 있다.

- 이상하거나 어렵거나 새로운 것에 부끄러워하지 않는 담대함boldness
- 모든 에이프코인의 가치는 동일하다는 평등
- DAO에서 일어나는 일의 과정과 결정은 커뮤니티 내에 모두 공개되는 투명성, 집단적 책임
- 성공은 직선이 아닌 우로보로스ouroboros(뱀 또는 용이 자신의 꼬리를 물고 삼키는 형상으로 원형을 이루고 있는 모습. '시작이 곧 끝'이라는 의미를 지니며 윤회 사상 또는 영원성의 상징으로 인식된다)인 지속성

에이프코인의 발행량은 총 10억 개로 고정됐으며, 처음 발행했을 때 BAYC와 MAYC NFT 보유자들에게 무료로 배포됐다. 전체

에이프코인 발행량의 15%다. BAYC와 MAYC NFT 보유자들은 자연스럽게 에이프코인 다오 구성원이 됐다. NFT를 보유하지 않은 사람들은 가상자산 거래소에서 에이프코인을 구매해서 구성원이 될 수 있다. 에이프코인의 47%는 에이프코인 다오 트레저리에 할당됐다. 트레저리에 할당된 에이프코인은 향후 에이프코인 다오에서 자금 지원이나 인력 채용 등을 위해 쓰인다. 나머지 에이프코인들은 유가랩스에 15%, 유가랩스 창업자들에게 8%, BAYC와 에이프코인 등 관련 프로젝트가 실현될 수 있도록 도와준 기업과 기여자들에게 14%가 할당됐다. 에이프코인의 1%는 제인 구달 자선재단에 기부됐다. 제인 구달 자선재단은 유인원을 연구하는 곳이다.

유가랩스는 에이프코인 발행과 DAO 구성을 공개할 때 유가랩스는 에이프코인의 주인이 아니며 에이프코인 다오는 독립적인 조직이라고 발표했다. 하지만 에이프코인의 상당수가 유가랩스 관계자들에게 돌아가 에이프코인 다오가 중앙집중적이라는 지적을 받기도 했다. 유가랩스와 유가랩스 창업자에게 돌아가는 물량이 23%이며 BAYC 생태계에 기여한 기업과 기여자들에게 할당된 14%도 결국엔 유가랩스 투자자나 관계사이기 때문이다.

에이프코인 다오에 관해서 조금 더 살펴보면, 에이프코인 보유자는 언제든 에이프코인 관련 생태계를 위해 새로운 제안을 할 수 있다. 예를 들어 생태계 확장을 위한 프로젝트 자금 지원이나 거버넌스 규칙 변경 등을 제안할 수 있다. 올라온 제안들은 에이프코인 다오 구성원들 사이에서 여러 단계의 토론을 거치고 모든 단계를 거치고 나면 투표로도 이어진다. 에이프코인 다오에 올라온 제안이 최종 투표로 이어지기까지는 다소 복잡한 과정을 거쳐야 한다. 제안에 관한 토론이 이뤄지는 과정엔 제안을 현실화했을 때 들어가는 비용, 실행 방법, 법적 이슈 등을 분석한 리포트가 작성되기도 한다. 이 모든 과정을 거치면 투표가 이뤄진다. 에이프코인 한 개당 1투표권을 갖는다.

에이프코인 다오에 올라왔던 제안 중에는 에이프코인 및 아더사이드, BAYC의 네트워크를 기존 이더리움에서 BAYC만의 자체 블록체인 네트워크로 전환하자는 내용도 있었다. 하지만 이 제안은 근소한 차이로 반대 의견이 더 많아 통과되지는 않았다.

또 BAYC 생태계의 소식을 전달하는 뉴스 사이트인 〈더 보어드 에이프 가제트The Bored Ape Gazettee〉[17]에 15만 달러를 지원하자는 제안이 올라와 2022년 7월 승인되기도 했다. 이 사이트에서는 BAYC NFT, MAYC, BAKC, 아더사이드, 유가랩스 등에 관한 내용을 다룬다. 자금 지원 기간은 1년이다. 현재 카일 스완슨Kyle Swanson이 이 사이트를 운영하고 있으며, 카일 스완슨에게 매월 7000달러가 지급된다. 데이터분석기관 시밀러웹Similar Web에 따르면 더 보어드 에이프 가제트는 2021년 6월 출시 이후 약 1년 동안 총 5만 2400명이 방문했다. 에이프코인 다오는 더 보어드 에이프 가제트가 BAYC와 에이프코인 생태계를 알리고 확장하는 데 많은 기여를 하고 아직은 작은 사이트지만 성장할 여력이 크다고 봤다.

2022년 10월에는 에이프코인 프로토콜의 안정성을 높이기 위해

'버그 바운티 프로그램' 구축 및 자금 지원에 관한 제안이 통과됐다. 버그 바운티 프로그램은 에이프코인 프로토콜의 스마트 계약에 오류나 허점을 발견하는 화이트 해커들에게 보상금을 주는 프로그램이다. 악의를 가진 해커가 공격하기 전에 오류나 허점을 먼저 찾아 개선할 수 있는 프로그램이다. 이 프로그램에는 100만 에이프코인이 할당된다.

에이프코인 다오 뒤에는 DAO에서 결정된 사항과 아이디어를 이행할 에이프코인 재단이 있다. 재단은 에이프코인 다오에서 투표가 통과된 아이디어들이 실행되도록 지원한다. 에이프코인 다오에서 허가된 자금 사용을 위해 트레저리를 관리한다.

에이프코인 재단에는 에이프코인 다오가 선정한 이사회가 있다. 이 이사회는 재단을 관리하며 에이프코인 다오의 법적 대리인 역할을 한다. 원칙적으로 재단 이사회는 에이프코인 다오의 투표로 선정되지만, 처음에만 6개월 한정으로 5명의 재단 이사회를 꾸렸다. 초기 이사회는 레딧 공동설립자 알렉시스 오하니안Alexis Ohanian, FTX 벤처부문 책임자 에이미 우Amy Wu, 블록체인 게임사 애니모카브랜드 공동설립자 얏 시우Yat Siu 등이다. 이후 매년 재단 이사회 선정을 위한 에이프코인 다오의 투표가 진행된다. 에이프코인 다오 구성원이라면 누구나 이사회 후보자가 될 수 있다.

에이프코인 다오는 DAO로 생태계가 시작된 것이 아니라 NFT 프로젝트로 먼저 시작돼 구조가 다소 복잡해 보일 수 있다. 또 BAYC 생태계의 중심인 유가랩스와 에이프코인 다오의 의견 충돌

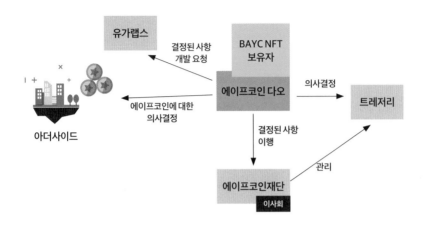

에이프코인 다오 구조

이 일어날 가능성도 예상해볼 수 있다. 서로 원하는 방향성이 다를 수도 있기 때문이다. 유가랩스는 BAYC NFT와 아더사이드 생태계 확장이 우선일 수 있으며, 에이프코인 다오는 에이프코인의 가치 상승이 우선일 수 있다. 가령 BAYC 생태계를 이더리움 기반에서 자체 블록체인 네트워크로 전환하는 제안에 관해서도 의견이 갈렸다. 자체 네트워크로 전환하려는 이유는 이더리움의 높은 가스비 때문이었지만, 에이프코인 다오 구성원은 이더리움이 아닌 자체 블록체인 네트워크를 별도로 구축할 경우 새로운 사용자의 유입을 끌어들이기 어렵다고 판단했다. 이러한 의견 충돌로 인해 BAYC의 생태계 확장과 성장은 기대보다는 느릴 수 있다.

218

13장

서비스 다오

　서비스 다오는 웹3.0 시장에 전문가 인재를 제공하는 DAO를 말한다. 블록체인, 크립토, NFT, DAO 등 웹3.0 전반에 서비스와 플랫폼을 만들 수 있는 온라인 인재풀 에이전시로 볼 수 있다. 서비스 다오에 클라이언트가 특정 업무를 요청하면 DAO는 구성원 중에서 해당 업무를 맡을 사람을 찾는다. 클라이언트의 업무를 완성하고 나면 클라이언트는 DAO에 요청한 업무에 관한 비용을 내고 이 비용은 DAO와 구성원이 나눈다. DAO 구성원 입장에서는 돈을 벌 수 있는 조직이다. DAO 구성원은 업무에 관한 보상금 외에도 DAO의 토큰을 보유해 DAO의 운영과 정책 결정에도 참여할 수 있다.

웹3.0 프리랜서 조직, 레이드 길드

웹3.0 시대에 일의 미래를 보여주는 DAO가 레이드 길드^{Raid Guild}다. 레이드 길드는 프로젝트 단위로 자신이 원하는 곳에서 원하는 기간에 일을 하는 프리랜서들의 모임이다. '길드^{Guild}'는 온라인 게임에서 유저들의 모임을 의미한다. 레이드 길드에는 웹3.0 관련 전문성을 가진 인력들이 모여 있으며, 외부 프로젝트 의뢰가 들어오면 참여하고 싶은 사람들이 참여하고 그에 관한 보상을 받는 DAO다.

레이드 길드의 목표는 클라이언트의 웹3.0 서비스 '악마'를 '처리하는' 것이다. 디파이나 NFT, DAO 등의 서비스를 운영하고 싶지만 서비스나 플랫폼을 만들 직원을 채용하는 것은 쉽지 않다. 기업을 설립해 서비스를 만들 수는 있지만 탈중앙화 방식으로 운영되는 서비스라면 기존 기업과는 다른 형식의 조직이 필요할 수도 있기 때문이다. 또는 서비스를 만들고 출시할 때만 일시적으로 작업을 해줄 전문가가 필요하기도 하다. 레이드 길드는 이럴 때 레이드 길드 소속 프리랜서들에게 작업을 요청할 수 있는 서비스를 제공한다. 아직 사람들이 웹3.0을 어려워해 관련 서비스가 확대되는 속도가 더디다. 그래서 레이드 길드는 웹3.0 서비스에서 골치 아픈 작업을 '악마'로 표현하고 이를 해결해준다는 의미에서 '처리한다'고 표현했다. 웹3.0의 한계를 극복하고 넘어서기 위한 것이다.

웹3.0 발전을 위해 2020년에 출범한 레이드 길드는 클라이언트에게 컨설팅, 설계, 개발, 마케팅 등의 서비스를 제공한다. 작업을 통한 수익금은 작업을 진행한 이들에게 돌아가고 일부는 오픈 소스 툴과 블록체인 인프라 개발에 사용된다. 2022년 9월 기준 활동하는 회원 수는 151명, 투표권이 있는 토큰은 8만여 개, 보유 자금은 150만 달러다.

레이드 길드는 현재의 소프트웨어 개발사나 홍보 및 마케팅 대행사와도 비슷해 보인다. 하지만 레이드 길드의 특징은 각자가 하고 싶을 때 원하는 일을 선택할 수 있는 유연성이 있고 소속된 회원이 작업에 참여하는 동시에 레이드 길드 운영에 참여할 수 있다는 점이다. 회사 측과 노동자 측이 구분이 없는 셈이다. 언제든 레이드 길드를 떠나고 싶으면 떠날 수 있다. DAO와 같은 방식이다.

레이드 길드는 미래에는 일의 형태를 DAO가 좌우한다고 보고 있다. 이들은 직원들이 회사에서 시키는 일을 수동적으로 따르는 방식이 아니라 DAO에 속한 구성원들이 능동적으로 자기가 원하는 일을 찾아서 하고 조직의 운영에도 적극적으로 참여하는 방식으로 변할 것으로 전망한다.

레이드 길드가 일의 미래를 어떻게 그리고 있는지 레이드 길드가 일하는 구조를 살펴보자. 먼저, 레이드 길드 내에서 사용하는 용어들이 있다. 레이드Raid는 클라이언트가 맡기거나 내부에서 운영 개선을 위해 발주한 업무 프로젝트를 말한다. 레이더Raider는 레이드에 참여하는 작업자, 레이드 파티Raid Party는 레이드를 함께 처리해나가는 길더들의 팀 또는 조직체를 말한다.

레이드 길드는 아이디어를 실현할 수 있게 도와주는 컨설팅, 제품 및 서비스 설계, 스마트 계약부터 프론트 엔드까지 가능한 개발, 브랜드와 제품의 경쟁력을 높일 수 있는 마케팅 등의 서비스를 제공한다.

클라이언트는 일을 맡기기 위해 레이드 길드 홈페이지에서 레이드 길드 상담 신청서를 작성한다. 클라이언트는 신청서를 제출할 때 500레이드 토큰$RAID을 결제(전송)해야 한다. 레이드 길드가 스팸 신청을 거르기 위해 만든 장치다. 결제를 완료한 클라이언트는 신청서의 상태를 확인할 수 있다. 레이드 길드 작업 신청 리스트에는 레이드 길드의 작업을 기다리는 신청서들이 쌓여 있는데, 여기서 최우선 순위로 신청하려면 1만 5000레이드 토큰을 결제하면 된다.

레이드 길드가 클라이언트의 신청서를 검토하는 차례가 오면, 작

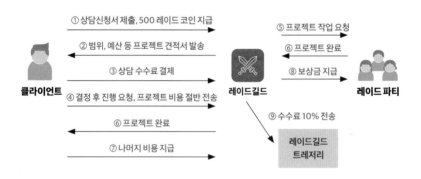

레이드 길드 프로젝트 진행 과정

업 검토를 담당하는 레이더 매니저가 프로젝트의 범위와 예산 등을 정한다. 이에 따라 레이더를 모은다. 검토 작업이 마무리가 되면 레이드 길드는 클라이언트에게 작업 범위에 관한 레이더 제안서를 보내고 상담 수수료를 받는다.

클라이언트가 레이더 제안서에 동의하고 프로젝트 대금 중 절반을 보내면 프로젝트 작업에 착수한다. 이를 레이딩Raiding이라고 부른다. 레이드에서의 역할과 참여도 등에 따라 레이더들이 받는 보상금은 달라진다. 보상금에 관한 내용은 레이드 파티를 결성할 때 합의한다. 클라이언트로부터 받는 대금 중 10%는 레이드 길드 다오 자금 보관소인 트레저리로 들어간다. 레이드 길드를 운영할 자금으로 사용하기 위해서다.

레이드 길드의 견습생이거나 정식 회원이면 누구나 레이드에 참여할 수 있다. 견습생은 레이드 길드의 정식 회원이 되기 전, 처음 레이드 길드에 참여할 때 주어지는 신분이다. 견습생으로 레이드 길드에서 훈련을 받거나 정식 프로젝트에 참여할 정도로 충분한 기술을 가졌다고 인정받으면 정식 회원이 될 수 있다. 견습생 프로세스를 두는 이유는 레이드 길드가 기존 기업의 형태는 아니지만 돈을 받고 업무를 수행하는 조직이기에 클라이언트의 작업을 전문적으로 실행하기 위해서다.

레이드 길드는 주로 디스코드에서 소통과 회의를 하는데 레이드에 참여할 레이더 파티를 구성하는 것도 디스코드 채널에서 매주 화요일에 논의한다.

레이더는 레이드 작업을 마친 후 보상금을 받는다. 보상금 규모는 레이드 파티 계약을 기반으로 한다. 레이더가 받는 보상금의 20%까지는 투표 권한이 있는 지분인 레이드 토큰으로 요청할 수 있고, 나머지 부분은 레이드 길드에서 다루는 다른 토큰으로 요청할 수 있다.

이러한 방식으로 레이드 길드에서는 끊임없이 클라이언트의 작업 요청을 접수하고 검토한다. 그 결과 매주 화요일 레이더 파티가 구성되고 작업이 시행된다. 작업이 완료되면 레이더들은 보상금을 받고 레이드 길드 다오에도 자금이 쌓인다.

레이드 길드는 원활하게 DAO를 운영하기 위해 다양한 회의를 온라인에서 진행한다. 레이드 관리를 위해 모든 멤버가 참여하는 레이더 라운드 테이블은 매주 화요일에, 커뮤니티와 멤버십을 위한 코호트 커뮤니티 콜은 매주 수요일에, 다양한 제안들을 논의하는 라운드 테이블은 매주 목요일에 열린다. 이외에도 다양한 회의가 매주 진행된다.

레이드 길드는 내부에 여러 스핀오프 커뮤니티가 구성되어 있다. 기업 내부의 테스크포스와 유사하다. 토큰 경제학과 커뮤니티, 토큰 발행 전략 등과 관련해서 협력하는 거버넌스 집단인 파이어아이 다오fire eyes DAO, 블록체인 프로젝트에 적합한 마케팅에 관해 연구하는 실숍 다오ShillShop DAO, 설계와 프레임워크에 관해 연구하는 다오 숍 등이 있다.

레이드 길드가 DAO 설립 초반부터 레이드 토큰을 활용한 것은 아니다. 레이드 길드는 시간이 지나면서 클라이언트의 요청이 많아지자 클라이언트의 수요를 충분하게 처리하지 못했다. 이 문제를 해결해야 할 때가 왔던 것이다. 레이드 길드는 레이드 토큰을 만들어 클라이언트가 다른 클라이언트보다 더 빠르게 일처리가 되길 원한다면 더 많은 레이드 토큰을 지불하게 만들었다. 이를 통해 레이드 길드도 수익을 높일 수 있고 클라이언트도 빠른 작업 처리가 가능해졌다.

또 레이드 토큰은 레이드 길드 다오의 거버넌스 토큰으로도 활용된다. 레이드 토큰의 발행량은 정해져 있지 않으며 1개당 하나의 투표권을 갖는다. 레이드 토큰은 양도 불가능한 것이 특징이다. 다만 레이드 길드를 나가고 싶다면, 언제든 '레이지큇Ragequit' 기능을 통해 레이드 길드 내부에 레이드 토큰을 팔고 나갈 수 있다. 회원들은 작업을 통해서 레이드 토큰을 받을 수 있고 회의에 참여하거나 DAO 개선 제안을 올리면 레이드 토큰을 받을 수 있다. 회원들이 레이드 길드에 더 적극적으로 참여하도록 만들기 위해 거버넌스 토큰을 활용한다.

레이드 작업을 통해 클라이언트로부터 받는 대금과 레이더들에게 배분하는 보상금은 레이드 토큰보다는 스테이블코인인 '다이'를 주로 활용한다. 이더리움 가스비 부담을 줄이고 더 많은 블록체인 네트워크와 상호작용하기 위해서다.

기업과의 계약으로 이뤄진 노사관계가 아닌 유연성이 높은 조직이라고 해서 레이드 길드가 자율성만 강조하는 것은 아니다. 자유롭기 때문에 그만큼 책임이 주어지고 지켜야 할 부분도 있다. 레이더들은 서로 다른 시간과 장소에서 일하기 때문에 집단의 원칙을 중요하게 여긴다. 매주 많은 회의가 진행되고 대부분의 회의는 레이드 길드 회원이면 누구나 참여할 수 있으며 운영의 투명성을 강조한다.

레이드 길드 구성원들은 자신이 참여할 작업을 직접 선택한다. 원한다면 레이드 길드가 아닌 다른 DAO에 참여해서 수익 활동을 하거나 기업에서 근무하는 것도 가능하다. 자신이 원한다면 다양한 조직에 속해서 돈을 벌 수 있다. 레이드 길드가 미래에 일하는 방식의 일부분을 잘 나타낸다고 볼 수 있다.

과거 시카고 테크회사에서 근무하다가 현재 레이드 길드에 참여하는 스펜서 그레이엄Spencer Graham은 과거와 비교해서 현재 비슷한 금액을 벌고 있지만 훨씬 더 자유롭다고 말한다. 또한 본명으로 레이드 길드에 참여하는 것이 아니라 가명이나 자신의 아바타로 소통하고 일을 한다.

"모든 것을 하나로 묶는 건 소유권이다. 조직의 회원으로서 나는 무슨 일이 일어나고 있는지 함께 인지하고 많은 유연성을 갖는다. 또 DAO에서는 자신이 누군지가 아니라 작업에 따라 일하고 자신의 명성을 쌓을 수 있다."[18]

법률 서비스가 필요하다면
렉스 다오

DAO는 여전히 법적 지위를 인정받지 못하고 법적으로 보호받지도 못한다. 하지만 자금을 다루고 여러 사람과 조직이 얽혀 있기 때문에 법적 장치가 필요할 때가 있다. 이에 DAO뿐 아니라 아직 법적 명확성이 부족한 블록체인, 크립토 시장에 법률 관련 서비스를 지원해주는 DAO가 등장했다. 렉스 다오Lex DAO다.

렉스 다오는 법률과 크립토를 좋아하는 엔지니어들이 모인 조직이다. 정식 로펌은 아니며 공식적인 법률 자문을 하는 기업은 아니다. 다만 너무 비싸고 복잡한 절차로 인해 법률 서비스를 받지 못하는 DAO에게 관련 서비스를 지원해주거나 솔루션을 개발하는 걸 목표로 한다. 쉽게 말해 렉스 다오 홈페이지에 명시한 '코드 안에 법을 넣는다Put Law into Code'라는 말처럼 렉스 다오는 코딩으로 법의 미래를 설계하고 있다. 미래엔 법을 정부나 중앙화된 기관에서 제정하고 판결하는 것이 아니라 코드로 규정과 규칙을 정하는 것이다. 렉스 다오에는 실제로 변호사나 법 관련 학생들이 구성원으로 참여하고 있다. 레이드 길드처럼 크립토 신에 적용하기 위한 법률 서비스나 솔루션이 필요한 기업, 조직은 렉스 다오에 보다 전문적인 지식과 서비스를 요구할 수 있다.

블록체인, 크립토를 비롯한 웹3.0 시장에는 법적 토대가 없기에 렉스 다오는 이를 스마트 계약으로 해결하고자 한다. 탈중앙화 철학에서는 입법부가 규칙과 규정을 만들고 사법부가 판단하는 중앙 집중적인 법적 토대가 적합해 보이지 않을 수 있다. 조직과 조직, 또는 사람과 사람 간의 신뢰, 규칙, 규정은 법률적 해석을 통해 판결을 내리기보다는 컴퓨터 코드화를 통해 규정할 수 있기 때문이다. 그래서 블록체인에서는 '코드가 곧 법이다'라는 말도 나온다.

이러한 맥락에서 렉스 다오의 가장 중심이 됐던 프로젝트는 '렉스 라커Lex Locker'다. 렉스 라커는 은행이나 제3자가 필요 없는 일종의 에스크로 시스템이다.

A가 B에게 한 달 이내에 그림을 그려주면 100만 원을 주겠다는 계약을 했을 때, A에게 실제로 이 약속을 지킬지 B는 믿기 어렵기 때문에 중개인을 둔다. A가 중개인에게 100만 원을 맡겨두고, B가 그림을 그린 걸 확인하면 중개인이 보관하고 있던 100만 원을 B에게 전달한다. 이러한 방식이 지금의 온라인 플랫폼이나 은행 등의 제3자가 개입하는 시스템이다.

또는 A가 컴퓨터를 온라인으로 100만 원에 B에게 판매한다고 가정했을 때, B는 컴퓨터를 구매하겠다는 의사 표시로 100만 원을 A에게 입금해야 하지만, A가 실제로 컴퓨터를 배송해줄지 의심스러울 수 있다. 이때 온라인 쇼핑몰 플랫폼이 B의 100만 원을 받아서 보관해 A에게 B가 실제로 100만 원이 있고 컴퓨터를 살 의사가 있다는 걸 확인한 후 A에게 컴퓨터를 배송하라고 전달한다. A가 배송한 컴퓨터를 B가 최종적으로 받으면 온라인 쇼핑몰 플랫폼이 보관하고 있던 100만 원을 최종적으로 A에게 전달한다. 이때 온라인 쇼핑몰 플랫폼이 에스크로 시스템 역할을 한 것이다.

렉스 다오의 렉스 라커가 이러한 에스크로 시스템을 코드로 구축한 것이다. A와 B가 계약을 했을 때, 서로의 계약 사항이 완료되면 자금이 전달되는 방식을 스마트 계약으로 구축했다.

렉스 다오는 렉스라커를 설명하면서 이렇게 말한다.

"온라인으로 비즈니스를 수행하기 위해 복잡한 조건으로 회사나 데이터베이스나 은행을 신뢰하지 말아라"[19]

법률적 서비스나 솔루션은 이외에도 필요한 부분이 많으며, 블록체인 분야에서는 법률적 문제가 지금과는 다르게 적용되는 부분도 많다. 이에 렉스 다오는 블록체인, 크립토, DAO 등에서 적용될 수 있는 법적 스터디도 진행하면서 DAO 블로그에 다양한 콘텐츠를 올리고 있다. 또 렉스 다오는 '중재 서비스' 등도 제공한다.

렉스 다오는 2022년 3월 사회적으로 긍정적인 영향을 미치는 임팩트 다오Impact DAO들에게 법률 서비스를 지원한다고 발표했다. 임팩트 다오는 사회적 활동을 적극적으로 펼치는 탈중앙화된 자율조직으로 기후 변화나 사회적 문제 해결을 목적으로 만들어진다.

렉스 다오는 거버넌스 토큰인 '렉스 토큰Lex Token'을 2020년 10월 발행했다. 렉스 토큰은 DAO 커뮤니티 안에서 투표권을 행사할 수 있다. 하지만 공급량을 대량으로 발행하지 않았으며 개인 간 거래를 통해 렉스 토큰을 획득할 수 있다.

렉스 다오는 렉스 토큰을 보유해 렉스 다오를 운영하는 구성원과 별개로 커뮤니티 구성원으로 가입할 수 있다. 커뮤니티 구성원은 렉스 다오에서 법률 전문가 또는 개발자로 활동할 수 있다. 렉스 다오 커뮤니티에 구성원으로 가입하는 방법은 비교적 간단하다. 렉스 다오 디스코드에 먼저 가입한 후 매년 300달러의 멤버십 수수료를 이더리움이나 USDC, USDT, DAI 등으로 내면 된다. 그리고 신청서를 작성하고 관련 서류를 제출하면 렉스 다오 구성원이 될 수 있다.

렉스 다오에 가입하기 위해서 내는 멤버십 수수료는 렉스 다오가 활동하면서 필요한 자금을 위해 사용되는 것으로 보인다. 다른 DAO에서 구성원들이 DAO에 기여한 만큼 보상금을 받는 것과는 다른 방식이다. 렉스 다오가 조직 활동을 통해 수익을 얻기 위한 목적으로 만들어진 조직이 아니라 웹3.0 시장에서 법률적 지원과 관련 솔루션 개발을 실질적으로 진행하고 시장이 더 성장할 수 있는 것에 초점을 맞춘 비영리 조직이기 때문이다. 덕분에 렉스 다오는 기부금을 지원하는 DAO인 깃코인 다오Gitcoin DAO로부터 기부금을 받기도 했다. 만약 렉스 다오 가입을 원하는 지원자가 멤버십 수수료를 지불하기 어렵다면, 수수료를 내는 대신 렉스 다오는 DAO 안에서 일을 할 수 있도록 다른 선택권도 제공한다.

법률 서비스를 제공하는 DAO가 흔하지 않지만 중요하기 때문에 렉스 다오는 크립토 시장에서 꽤 유명하다. 하지만 그 유명세에 비해 규모가 크지는 않다. 렉스 다오의 트레저리 규모는 8만 달러(2023년 4월 기준) 규모이며 렉스 토큰을 보유한 사람은 41명이다.

규모는 크지 않지만 렉스 다오의 활동은 활발하다. 렉스 다오는 자체적으로 변호사 자격 증명을 확인할 수 있는 방법을 모색하기도 하고 토큰이 증권인지 여부에 관한 토론을 트위터 음성채팅 공간인 '스페이스'에서 열었다. 이 토론에는 약 200명이 참여했다. 거버넌스 회의는 격월로 열린다.

렉스 다오가 비영리 조직이지만 수익을 창출할 수 있는 '렉스 다오 클리닉'을 만들기도 했다. 자금이 있어야 더 많은 활동을 할 수 있기 때문이다. 렉스 다오 클리닉은 만들어진 지 한 분기만에 70명의 회원을 모집했다. 고객으로는 깃코인 다오Gitcoin DAO, 로비 3Lobby3, 피스 다오Peace DAO 등이 있다. 렉스 다오 클리닉은 자동화된 합법적 DAO 설립 서비스를 제공한다. 실제로 렉스 다오 클리닉은 2023년 4월 처음으로 인터넷 기반 기업인 '펌Firm'과 펌 창업자 호르헤 이즈키에르도Jorge Izquierdo의 주식매수체결 계약 전 과정을 블록체인에서 실행하는 작업을 진행했다. 이사회의 매각 승인, 회사 계정으로 자금 전송, 베스팅 기간에 따른 창업자 주식 발행 등의 모든 과정이 포함됐다. 이 작업은 회사가 있는 델러웨어 법에 따라 법적 구속력이 있다. 렉스 다오 내에는 하위 DAO들도 구성됐다. 법적인 중재나 조율, 에스크로 등의 서비스를 제공하는 '큐리아Curia', 블록체인상에서의 실제 자산 표준을 연구하고 개발하는 'RWA 컨소시엄'이 있다. RWA 컨소시엄은 렉스 다오뿐 아니라 칼리 다오Kali DAO, 베이신 다오Basin DAO 등이 함께 참여한다.

렉스 다오는 정식 기업은 아니기 때문에 본사가 따로 있지 않고 메타버스 플랫폼인 '크립토복셀'에 가상의 사무실을 만들었다.

14장

보조금 다오

웹3.0 세상에는 정부가 없다. 하지만 정부의 역할이 필요한 부분도 있다. 공공재 개발이나 사회적 공익을 위한 투자를 해야 하는 부분이다. 공공재 개발과 사회적 공익을 위한 활동은 많은 사람에게 혜택을 주지만 활동을 한 주체는 큰 수익을 보지 못한다. 이 때문에 민간 기업보다는 정부가 주로 맡아서 진행한다. 하지만 웹3.0 세상에는 정부가 없어 이러한 활동을 할 주체가 없다. 그래서 몇몇 DAO가 나섰다. 자본을 끌어와 수익이 나지는 않지만 많은 사람과 사회를 위해 필요한 영역에 투자하는 DAO들이다. 이 DAO들을 보조금 다오Grant DAO로 분류한다.

블록체인 공공재에 투자하는
몰록 다오

몰록 다오는 다른 많은 DAO들이 스마트 계약이나 구조를 만들 때 참고하는 DAO다. 간단하게 소개하면 이더리움 생태계를 개선하고 발전하는 걸 목표로 하는 다른 블록체인이나 웹3.0 프로젝트에 자금을 지원하는 DAO다.

몰록 다오는 블록체인 기술을 도로나 깨끗한 공기, 공영방송 등과 같은 공공재 인프라로 보고 있다. 블록체인 기술로부터 모두가 혜택을 얻을 수 있고 모두가 평등하게 접근할 수 있어야 하므로 자금 지원이 필요하다고 보는 것이다. 또 몰록 다오는 블록체인 생태계에 '공공재의 비극'이 발생하지 않기를 바란다. 공공재의 비극이란 모두가 공공재를 사용하면서 혜택과 이득을 보려고 하면서 자원의 오남용과 고갈로 이어지는 것이다.

몰록 다오는 블록체인 프로젝트에 지원할 자금에 투자할 소수의 사람을 모아 구성된 조직이다. 주기적으로 자금을 지원할 프로젝트를 선정하는데, 이때 DAO 구성원의 동의하에 결정이 된다. 2023년 4월 기준 몰록 다오 구성원은 70명이며 26만 달러 이상의 자금을 관리한다.

몰록 다오는 이더리움 블록체인에 작성된 몰록 프레임워크를 통해 작동된다. 즉, 이더리움 스마트 계약들로 이뤄져 있다. 스마트 계약들은 몰록 다오의 규칙과 실행에 관한 코드이고 미리 정의된 기준에 따라 실행된다. 몰록 다오는 오류와 해킹을 최소화하기 위해 코드를 간단하게 작성한 것이 특징이다. 코드가 적을수록 오류가 적고 수정하기도 더 쉽기 때문이다. 또한 이후 여러 유스 케이스와 필요에 의해 몰록 다오의 기능을 개선하기 위해서 몰록 프레임워크를 확장하기에도 수월하다.

몰록 다오의 구성원들로부터 받은 자금들은 몰록 트레저리에 저장되고 토큰으로 발행되어 구성원들에게 배분된다. 몰록 다오 구성원들이 갖는 토큰은 양도가 불가능한 주식의 일종이다. 토큰의 최대 발행량은 정해지지 않았으며 토큰 1개당 프로젝트를 선정할 수 있는 투표권 한 개를 갖는다. 새로운 구성원이 참여하고 싶다면 최대 100개의 토큰 발행을 요청할 수 있다. 하지만 지원 자금을 낸다고 해서 누구나 다 구성원이 될 수 있는 건 아니다. 몰록 다오의 기존 구성원들의 승인이 있어야 한다. 문화적 적합성, 전문성 등을 기준으로 기존 구성원들의 평가를 받으며, 과반수의 동의를 얻어야 한다. 그리고 구성원들은 언제든 다른 구성원을 DAO에서 제명하는 제안을 할 수 있고, 다른 구성원들도 동의한다면 DAO에서 제명된다. 이때 제명된 구성원은 토큰 구매를 위해 사용했던 자금을 다시 돌려받는다.

몰록 다오의 구성원들은 '레이지큇Rage Quit'을 할 수 있는 것이 특징이다. 레이지큇이란 자금을 지원할 프로젝트를 최종 선정한 후에도 이에 동의하지 않는 구성원들은 자신의 지분을 모두 팔고 몰록 다오를 나갈 수 있는 걸 말한다. 결과에 관한 불만의 목소리를 최소화하기 위한 조치다. 또한 의견이 다른 구성원들을 설득하기 위한 활동을 줄여 효율성을 높이려는 것이다.

자금 지원을 받고자 하는 프로젝트는 누구나 몰록 다오에 신청할 수 있다. 몰록 다오는 4·5월, 8·9월, 12·1월 매년 3번의 지원 라운드를 개최한다.

몰록 다오의 지원금을 보면, 2019년엔 총 27만 달러를 31개 프로젝트에게, 2020년엔 총 36만 달러를 21개 프로젝트에게, 2021년엔 74만 달러를 15개 프로젝트에게 분배했다. 2019년 이후 총 140만 달러를 블록체인 프로젝트에 지원했다. 지원금을 준 프로젝트 분야는 DAO 운영, 교육, 리서치 등 다양하다.

몰록 다오는 2019년 2월 14일 세계 최대 이더리움 개발자 행사인 이더리움 덴버ETH Denver에서 공개됐다. 2016년 더 다오 해킹 이

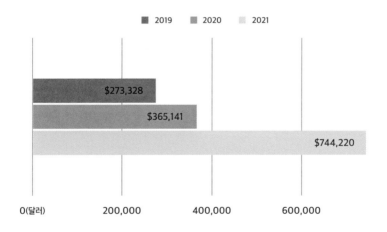

몰록 다오 지원금 추이(출처: 몰록 다오)

후, DAO에 관한 콘셉트는 더 이상 진전되지 않았다. 블록체인 개발사 콘센시스Consensys에서 근무하던 아민 소울레이마니Ameen Soleimani는 DAO 개념에 관해서 계속 생각해왔다. 그리고 2019년 그는 최소한으로 실행 가능한(리스크를 줄이기 위해 복잡성을 줄인 간단한 코드) DAO를 만들기 시작했다. 이더리움 덴버에서 아민은 공공성을 실현할 블록체인 프로젝트를 지원할 자금 지원 목적의 DAO를 만들기 위해 몇몇 사람들에게 100이더리움을 낼 것을 요청했다. 당시 1이더리움 가치는 약 115달러로, 한 사람당 1만 1500달러를 조달한 것이다. 그렇게 해서 첫 DAO 구성원들이 만들어졌고 여기엔 이더리움 창시자인 비탈릭 부테린과 이더리움 공동개발자이자 콘센시스 창업자인 조 루빈Joe Lubin도 포함됐다. 그렇게 해서 몰록 다오는 2019년부터 활동하기 시작했지만, 2020년 잠시 활동을 멈췄다.

2020년 말 스텔라 마그넷Stellar Magnet은 자금 지원 프로그램을 재가동하기 위해 움직였다. 그는 몰록 다오를 운영할 조직인 RBGThe ReallyBoringGuild를 구성했다. 2021년 RBG는 몰록 다오를 업그레이드했다.

이후 몰록 다오는 The LAO, 메타카르텔 등 약 750개의 DAO가 뼈대를 만드는 데 많은 영감을 줬으며, 이들은 몰록 다오의 스마트 계약을 차용해 활용하기도 했다.

몰록 다오의 성명서를 보면 몰록 다오뿐 아니라 다른 DAO의 특징들도 살펴볼 수 있다. 몰록 다오의 형태를 기반으로 새로운 DAO들도 많이 탄생했기 때문이다. 몰록 다오의 성명서는 아래와 같다.

1. 몰록은 회사가 아니다. 이사회가 없다. CEO도 없고 매니저팀도 없다. 관료도 없다.
2. 몰록은 투자자가 없다. VC도 없고 엔젤(초기투자자)도 없고 SPAC(기업인수목적회사)도 없다.
3. 몰록은 투기꾼의 입맛을 맞추지 못한다. 몰록은 가격에 구애받지 않는다.
4. 몰록은 공식 목소리가 없다. 리더의 공식 도장을 찍을 수 있는 법적 실체도, 기반도, 저작권도, 특허도, 중앙권한도 없다.

몰록 다오는 블록체인 프로젝트를 금전적으로 지원할 만한 돈은 있지만 기업은 아니다. 그렇다고 어떠한 수익을 바라는 조직도 아니다. 지금까지 우리가 사회에서 봐왔던 조직과는 다른 모습이다. 이러한 모습인 이유는 몰록 다오가 블록체인을 공공재로 발전시키겠다는 강한 의지가 담겼다고도 볼 수 있다. 보통 공공재는 정부에서 투자하고 발전시키는 것과 마찬가지로 몰록 다오는 일반적으로 봐왔던 기업의 모습은 아니다.

또한 정부는 관료체계가 있는 중앙집중적인 의사 결정이 이뤄지지만, 몰록 다오는 블록체인의 탈중앙화 정신에 맞게 관료체계를 허물었다.

'디지털 공공재'를 위한
깃코인

몰록 다오처럼 많은 사람들에게 혜택이 돌아갈 수 있는 오픈 소스 '공공재Public Goods'에 자금을 지원해주는 깃코인 플랫폼도 있다. 2017년 11월에 출시된 깃코인은 개발자들이 오픈 소스 소프트웨어를 개발해 돈을 벌거나 프로젝트 개발에 필요한 자금을 후원받을 수 있는 플랫폼이다.

깃코인 플랫폼은 몰록 다오처럼 디지털 공공재 프로젝트 자금 지원에 초점을 맞춘다. 깃코인에서 말하는 공공재는 프로젝트들이 서로 경쟁하지 않고 모두에게 이익이 되는 프로젝트를 말한다. 예를 들어 현실 세계에서의 깨끗한 공기, 기반시설, 정보보호 등을 포함한 공공재의 웹3.0 버전 프로젝트다.

특히 깃코인에서 지원하는 디지털 공공재는 무료로 누구나 사용할 수 있는 오픈 소스를 말한다. 형태는 다양하다. 소프트웨어, 데이터, 인공지능 모델, 교육 프로그램, 콘텐츠 등이다.

깃코인으로부터 자금 지원을 받은 대부분의 디지털 공공재 프로젝트들은 이더리움 생태계 안에서 개발된 블록체인 프로젝트들이다. 예를 들어 이더리움으로 개발된 소스 자료를 다른 개발 언어로 번역하는 프로젝트, 깃코인의 완전한 탈중앙화 전환을 가속화하는 프로젝트, 교육 콘텐츠 크리에이터를 지원하는 프로젝트 등이 진행 중이다.

깃코인이 디지털 공공재를 중요하게 보는 이유는, 블록체인과 같은 오픈 소스 소프트웨어가 연간 4000억 달러 가치를 만들어낸다고 보기 때문이다. 많은 부가가치를 만들고 많은 이에게 혜택이 돌아가지만, 디지털 공공재를 만드는 오픈 소스 소프트웨어 개발자는 많은 수익을 보장받기 어렵다. 공공재는 누구나 쉽게 사용할 수 있도록 무료나 낮은 가격에 제공되기 때문이다. 이에 깃코인은 오픈 소스와 같은 디지털 공공재를 개발하는 개발자도 수익을 낼 수 있도록 만들고자 했다.

깃코인은 디지털 공공재 중에서도 블록체인의 활용을 중점적으로 본다. 블록체인은 기존과 다른 조직을 만들 수 있고 불변하며 인터넷이 되는 곳이라면 전 세계 어디든 서로 연결할 수 있다. 또 프로그래밍을 통해 기존의 블록체인 네트워크를 유연하게 활용할 수 있다.

디지털 공공재 프로젝트에 자금을 지원하기 위해서 깃코인은 분기별로 펀딩 라운드를 통해 기부자로부터 자금을 모아 기부금 풀을 만든다. 이 풀에서 프로젝트에 기부금을 제공하는데, 이때 쿼드러틱 펀딩Quadratic Funding 공식을 사용해 프로젝트마다 기부금 규모를 정한다. 개별 기부자에게 인기가 많은 프로젝트일수록 더 많은 기부금을 받을 수 있는 구조다. 쿼드러틱 펀딩 공식은 다른 기부금 제공 방식과는 약간 다르다.

대부분의 기부금은 기부자가 A 프로젝트에 100달러를 기부하면 A 프로젝트가 100달러의 기부금을 그대로 받는 방식이다. 하지

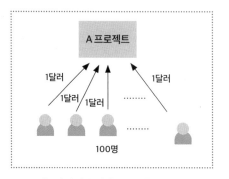
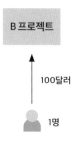

A 프로젝트가 더 많은 사람으로부터
호응을 받았기 때문에 더 많은 기부금을 받게 된다

쿼드러틱 펀딩

만 쿼드러틱 펀딩은 100명의 기부자들이 1달러씩 기부한 A 프로젝
트와 1명의 기부자가 100달러를 기부한 B 프로젝트가 있다고 가정
하면, 최종적으로 A 프로젝트가 B 프로젝트보다 더 많은 기부금을
받는 방식이다. 소액이더라도 더 많은 기부자의 호응을 얻은 프로
젝트가 더 많은 기부금을 지원받을 수 있도록 만든 공식이 쿼드러
틱 펀딩 공식이다.

쿼드러틱 펀딩을 적용하는 이유는 커뮤니티 내에 많은 구성원들
이 가장 인기 있다고 생각하는 프로젝트가 더 빠르게 개발되도록
만들기 위해서다. 깃코인은 더 많은 사람에게 혜택이 돌아가는 프
로젝트가 더 많은 자금을 지원받아 빠르게 성장해야 한다고 봤다.
깃코인은 의미 있는 오픈 소스 프로젝트 개발을 육성하기 위해, 그리고 기부자와 개발자의 이익을 더 잘 조정하기 위해 설계된 플랫폼이기 때문이다.

깃코인의 설립자 케빈 오우키Kevin Owocki는 이렇게 말한다.

"하나의 토큰이 하나의 투표권을 갖는 시스템은 민주주의보다 더 금권적이다."[20]

프로젝트에 단순화된 방식으로 자금을 지원하는 것이 아닌 쿼드러틱 펀딩 공식을 사용하는 이유이기도 하다.

자금을 지원받고 싶은 프로젝트는 분명한 프로젝트 제목과 설명을 기입하고 ERC-20 토큰 중 기부받기 원하는 토큰을 명시해야 한다. 깃코인은 모든 ERC-20 토큰을 지원한다.

깃코인은 2022년 말까지 3715개의 프로젝트에 5000만 달러 이상의 기부금을 지원했다. 쿼드러틱 펀딩 공식을 통한 지원금 제공 외에도 '보상금bounty' 방식의 지원도 있다. 깃코인은 개발자가 아닌 사용자들이 특정 기술에 관한 개발이 필요할 때 보상금을 걸고 개발자의 능력을 일종의 '크라우드소싱'을 받을 수 있도록 지원한다. 개발자가 필요한 사용자는 보상금 제공자로서, 깃허브에 프로젝트에 관한 자세한 설명, 프로젝트 수행 기간, 기대하는 점, 관련 정보 등을 적어 올린다. 보상금에 관한 내용도 포함되어야 한다. 이 프로젝트에 관심 있는 개발자들이 관심을 표현하면, 포상금 제공자는 허가를 하고 개발자는 작업을 시작하면 된다.

쿼드러틱 펀딩 공식에 따른 기부금과는 다르게 개발자는 보상금 제공자들이 공개한 프로젝트를 선택할 수 있다. 높은 금액의 보상금을 걸면 개발자가 프로젝트를 선택할 가능성이 높다.

이렇게 깃코인에서는 자금이 필요한 프로젝트는 기부자들로부터 자금을 지원받고, 개발자가 필요한 프로젝트는 보상금을 걸고 개발자를 찾을 수 있다. 깃코인 플랫폼은 DAO의 형태로 운영되고 있다. 깃코인 거버넌스 토큰인 깃코인 토큰의 총발행량은 1억 개다. 이 중 15%는 깃코인 플랫폼 사용자들에게, 35%는 기존 주주들에게, 50%는 깃코인 다오에 배분됐다.

깃코인 토큰을 발행한 이유는 깃코인 플랫폼의 초기 사용자와 미래의 기여자 모두에게 보상을 제공하기 위해서다. 보상금 개설, 보상금을 위한 작업 신청 제출, 기여금 개설, 기부금 제공 등 다양한 활동을 한 초기 사용자에게 깃코인 토큰을 배분해 보상했다. 깃코인 토큰을 받은 기존 주주들은 창업 멤버, 투자자, 직원, 전략적 파트너 등이다. 그리고 깃코인 다오를 위한 깃코인 토큰은 커뮤니티 주도의 트레저리에서 관리된다.

깃코인은 처음에는 깃코인 개발팀과 직원들을 중심으로 운영됐지만 점차 커뮤니티 중심으로 전환하고 있다. 이를 위해 깃코인 토큰을 발행하고 2021년 5월 DAO를 설립한 것이다. 2021년 10월 깃코인 다오는 커뮤니티를 이끌 여러 명의 간사steward를 선출했다. 이 간사들은 깃코인 크립토 생태계에 기여하고 깃코인의 미션과 가치를 함께 증명하는 역할을 한다. 이들은 처음에는 깃코인 기부금에 관한 정책을 설정하는 역할을 수행했다.

깃코인 토큰에 경제적 가치는 없다. 거버넌스 토큰으로써 깃코인 생태계와 트레저리를 감독하기 위해 사용된다. 깃코인 다오 트레저리는 일상적인 운영과 특별 착수를 위해 활용된다. DAO 기여자들에게 보상을 하기 위해서도 깃코인 토큰이 할당된다.

깃코인 다오의 구성원이 되는 건 크게 어렵지 않다. 깃코인 다오의 디스코드에서 자신의 소개와 깃코인에서 진행 중인 기부 프로젝트 중 가장 마음에 드는 걸 링크를 걸어두면, 깃코인 다오 디스코드 관리자가 이를 검토하고 승인을 해준다.

15장
새로운 형태의 다오

가상자산 시장이 침체기를 겪어도 새로운 형태의 DAO는 계속 등장한다. DAO에는 정해진 틀과 기준이 없기 때문에 가능한 일이다. 새로운 형태의 조직으로 세상을 바꿔보겠다는 혁신가들이 나선 덕분이기도 하다.

끊임없이 등장하는 새로운 DAO 중에서는 특정한 카테고리로 분류되지 않는 DAO들도 있다. 이번 장에서는 이전에 언급한 카테고리에 속하지 않는 새로운 형태의 DAO에 관해 알아보고 이 책을 마치고자 한다.

웹3.0 문화를 알리는
뱅크리스 다오

뱅크리스Bankless는 웹3.0과 관련된 뉴스레터와 팟캐스트를 제작하는 미디어로, 데이비드 호프만David Hoffman과 라이언 션 애덤스Ryan Sean Adams가 설립했다. 뱅크리스의 이름이 '은행 없는(bankless)'인 이유는 탈중앙화의 승인이 필요 없는 금융 시스템을 도입해 은행이 아닌 금융 소비자가 직접 자신의 금융생활을 관리할 수 있도록 하겠다는 의미에서 비롯됐다. 내가 친구에게 돈을 보낼 때, 내가 돈이 필요할 때 은행 없이도 돈이 있는 사람으로부터 빌릴 수 있는 탈중앙화 금융 시스템이 구축되는 세상을 만드는 것이 뱅크리스의 목표다. 이를 위해 사람들에게 탈중앙화와 블록체인, 크립토 등에 관해 지식과 정보를 전달하는 뱅크리스가 되겠다는 것이다. 뱅크리스 뉴스레터는 30만 명 이상의 구독자, 유튜브 채널은 20만 명 이상의 구독자가 있으며 팟캐스트는 매월 40만 건 이상의 다운로드가 발생한다(2023년 4월 기준).

뱅크리스는 2021년 5월 뱅크리스 다오Bankless DAO를 설립했다. 뱅크리스 다오는 뱅크리스 설립자들이 만들기는 했지만 뱅크리스와는 별도의 조직으로 운영된다. 뱅크리스는 뱅크리스 유한책임회사가 기존의 미디어 기업처럼 운영하고 뱅크리스 다오는 거버넌스 토큰 보유자들이 운영한다.

뱅크리스 다오에서 공개한 다음 이미지를 보면 쉽게 이해할 수

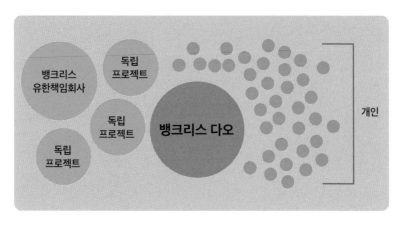

뱅크리스 다오 구조(출처:뱅크리스 다오)

있다. 뱅크리스는 웹3.0을 확산하는 운동을 뱅크리스 다오를 중심으로 여러 개인과 주체들을 모아 진행하고자 하며, 뱅크리스도 이 주체들 중 하나인 셈이다.

뱅크리스 다오도 웹3.0의 문화를 전파하는 활동을 하는 것은 마찬가지지만, 뱅크리스가 미디어라면 뱅크리스 다오는 미디어를 포함해 교육을 하거나 컨설팅을 제공하는 등의 직접적인 활동도 한다. 뱅크리스 다오는 웹3.0을 교육하고 관련된 글과 오디오 등 미디어를 생산하고 DAO 툴을 구축하고 컨설팅 서비스를 제공하면서 사회를 만드는 걸 목표로 한다. 이들의 미션은 크립토 신에 10억 명의 사람들이 모이고 활동하는 것이다.

뱅크리스 다오의 목표는 기존 금융 시스템으로부터의 독립과 탈중앙화된 근무 환경, 모든 것에 관한 자유로운 접근이 가능하도록 만드는 것이다. 뱅크리스 다오는 이 모든 것이 탈중앙화되고 정부나 특정 기업의 허가가 필요 없는 웹3.0 세상에서 가능할 것이라고 본다. 이러한 환경에서 인터넷이 연결되는 사람이라면 누구든지 DAO를 찾아 일을 시작하고 월급을 받을 수 있도록 하는 것이다. 즉, 웹3.0에서의 새로운 경제, 일을 하는 새로운 방식, 새로운 리더십, 새로운 형태의 예술을 구축하고 있다.

뱅크리스는 뱅크리스 다오의 거버넌스 토큰인 뱅크 토큰BANK을 뱅크리스 유료 구독자를 대상으로 각각 3만 5000개씩 무료로 배포했다. 이들은 뱅크리스 다오의 활동에 관한 의사 결정권을 갖는다. 이더리움 네트워크 데이터 추적사이트인 '이더스캔'에 따르면 뱅크 토큰 보유자는 6000명이다(2023년 4월 기준).

뱅크리스 다오는 뱅크 토큰을 발행할 때부터 가치가 없는 토큰이라고 단언했다. 뱅크 토큰을 다른 토큰처럼 가치 상승만 보고 보유하기를 원하지 않은 것이다. 뱅크리스 다오에 진정으로 참여할 사람들이 뱅크 토큰을 획득하거나 구매하고 뱅크리스 다오 운동에 함께하길 바라는 의도에서다. 이에 대부분의 뱅크 토큰 보유자들도 거래소에서 뱅크 토큰을 구매하기보다는 처음 발행됐을 때 받거나 뱅크리스 다오 활동을 통해 보상금으로 획득했다.

처음 뱅크 토큰을 발행했을 때 뱅크리스 유한책임회사는 뱅크 토큰을 보유하지 않았다. 이후 뱅크리스 다오가 형성된 후 뱅크리스 유한책임회사는 DAO 구성원들을 대상으로 뱅크리스 유한책임회사가 뱅크 토큰 공급량의 25%를 보유할 수 있도록 요청안을 올렸다. 뱅크리스 다오 활동에 뱅크리스 유한책임회사가 중요한 역할을 한다고 봤기 때문이다. 하지만 이를 뱅크리스 유한책임회사 내부자가 임의로 판단하는 것이 아니라 DAO 구성원들의 의견도 묻는 방식이었다. 이 제안은 99.2%의 찬성으로 승인됐다.[21]

뱅크리스 다오는 거버넌스, 자금 트레저리, 프로젝트, 프로포절 등에 관한 것들을 투표로 결정한다. 1뱅크 토큰당 하나의 투표권을 갖는다. 토큰을 많이 보유할수록 투표권도 많아진다.

새로운 제안을 올리는 방법은 다른 DAO들과 유사하다. 뱅크리스 다오 거버넌스 포럼에 제안을 올리면 구성원들이 피드백을 남긴다. 피드백을 반영한 후 최종 투표 단계로 넘어가면, 투표 기간은 최소 7일이며 최소 정족수를 넘고 정족수의 절반 이상 찬성표를 받으면 해당 제안은 통과한다.

제안 내용에 따라서 뱅크리스 다오에 자금 요청을 하는 경우도 있는데, 이때 필요한 자금 규모에 따라 최소 정족수가 달라진다. 5만 뱅크 토큰 이하일 경우 최소 정족수는 25명이며, 뱅크 토큰 규모가 클수록 최소 정족수는 더 많아진다. 필요한 자금 규모가 100만 뱅크 토큰을 넘으면 63명의 투표 참여가 있어야 한다.

자금이 필요한 제안은 자금 위원회Grants Committee에 자금 신청서를 제출하면 된다. 신청서는 매주 화요일 디스코드에서 열리는 자금 위원회 주간 미팅에서 지원 결정이 난다.

뱅크리스 다오는 구성원들을 △게스트 패스 △멤버 레벨1 △기여자 레벨2 △웨일 레벨3으로 총 4등급으로 구분한다. 가장 낮은 등급인 게스트 패스는 3만 5000 뱅크 토큰을 보유하지 못한 사람이

게스트 패스	멤버:레벨1	기여자:레벨2	웨일:레벨3
- 3만 5000뱅크 토큰 미만 보유자 - 2주마다 게스트 패스 갱신	- 3만 5000뱅크 토큰 이상 보유자 - 뱅크리스 다오의 혜택 공유 - 기여자 후보자	- 3만 5000뱅크 토큰 이상 보유자 - 레벨1에서 많은 표를 받아야 가능 - 뱅크리스 다오 미션 수행	- 15만 뱅크 토큰 이상 보유자

뱅크리스 다오 구성원

다. 뱅크리스 다오에 무료로 참여할 수는 있지만 2주마다 게스트 패스를 갱신해야 한다는 불편함이 있다. 다음 등급인 멤버 레벨1은 3만 5000뱅크 토큰 이상을 보유한 사람으로 뱅크리스 다오에서 제공하는 특별한 혜택을 받을 수 있고 기여자 레벨2가 될 수 있는 후보 명단에 오른다. 기여자 레벨2도 3만 5000뱅크 토큰 이상을 보유한 사람이 대상이지만, 멤버 레벨1에서 기존 기여자 레벨2로부터 많은 표를 받아야만 기여자 레벨2가 될 수 있다. 기여자 레벨2는 뱅크리스 다오의 미션을 실행하는 사람들이다. 마지막으로 가장 높은 등급인 웨일 레벨3은 15만 뱅크 토큰을 가진 사람들이다.

뱅크리스 다오는 커뮤니티 내에 부서를 의미하는 길드와 작업을 진행하는 프로젝트가 있다. 총 13개의 길드가 있는데 구성원들이 각자 전문성을 살려 뱅크리스 다오에서의 역할을 담당한다. 데이터 서비스를 구축하고 분석하는 애널리틱스 길드, 뱅크리스 다오에서의 회의 등을 녹음하거나 촬영해 공유하는 솔루션을 만드는 시청각 길드, 외부 조직 또는 뱅크리스 다오 내부의 길드 간의 관계를 조율

하는 길드 등이 있으며 이외에도 디자인 길드, 개발 길드, 마케팅 길드 등이 있다.

이 길드들이 수행하는 여러 프로젝트들이 있다. 내부 교육이나 운영을 위한 프로젝트도 있고 외부에 웹3.0 관련 교육이나 프로그램 진행, 지원 등을 위한 프로젝트들도 있다. 기존 기업이 웹3.0을 적용하기 위한 컨설팅 서비스부터 뱅크리스 다오 내에 다양성을 개선하고 이해를 높이기 위한 '다오버시티DAOversity' 활동, 능숙한 크립토 사용자가 되기 위한 교육을 해주는 뱅크리스 아카데미 등의 프로젝트가 있다.

뱅크리스 다오는 여러 활동을 통해 순수익이 발생하는 조직이다. 벌어들인 수익은 다오 트레저리에 추가된다. 2021년엔 다오 펑크스 DAO punks NFT를 판매해 7만 2000달러 규모의 자금을 트레저리에 추가했다. NFT 쇼케이스, 다른 프로젝트들과의 협업, 컨설팅 서비스, 뱅크리스에서 개발한 인덱스 지수 등을 통해 매출이 발생했다.

트레저리에 쌓인 자금은 프로젝트 수행을 위해 활용되기도 하고 뱅크리스 다오의 성장이나 운영에 기여한 구성원에게 보상금으로 지급되기도 한다. 보상금 지급 방식과 규모는 어떻게 얼마나 기여하느냐에 따라 다르다. 예를 들어 디스코드에서 좋은 발언을 했거나 다른 구성원의 질문에 관한 답변을 했을 땐 트레저리가 아닌 다른 구성원으로부터 일종의 '팁'으로 뱅크 토큰을 받기도 하고 길드에서 일시적인 도움을 요청했을 때 응했다면 해당 길드를 통해 일회성 보상금을 받을 수 있다. 길드나 프로젝트 안에서 파트타임이나 풀타임으로 기여를 했다면 작업을 한 기간에 보상금을 받을 수 있게 된다. 또한 뱅크리스 다오 성장에 많은 기여를 했다고 판단되는 프로젝트는 뱅크리스 다오 포럼의 투표를 통해 특별 보상금을 받을 수 있다.

실물 부동산을 소유한
시티 다오

우리가 지금까지 살펴봤던 DAO는 기업이나 커뮤니티를 대체한 모습이었다. DAO 중에서는 도시를 대체하기 위해 시도하는 DAO도 있다. 바로 시티 다오City DAO다. 시티 다오는 메타버스에 있는 가상 도시가 아니다. 시티 다오는 실제 미국 와이오밍주에 있는 토지를 구매해 이를 기반으로 세운 DAO 도시다. NFT를 발행해 토지에 관한 소유권을 나눴으며, 이 NFT를 구매한 사람들은 시민권을 얻는다. 토지 사용 방식에 관한 투표를 진행하고 도시를 위한 다양한 작업을 수행해 보상금을 받을 수 있다.

시티 다오가 미국 와이오밍주를 기반으로 한 건 와이오밍주가 전 세계에서 처음으로 DAO를 유한책임회사 형태의 법적 지위를 인정했기 때문이다. 와이오밍주에서는 DAO에서 발생한 문제에 관한 책임을 모든 DAO 구성원들이 지지 않아도 되며 DAO는 실질적 자산에 관한 소유권을 인정받을 수 있다는 의미다.

시티 다오는 와이오밍주를 기반으로 도시를 구축하기 위해

2021년 7월부터 작업을 시작했다. 7월과 8월엔 시티즌 NFT를 발행하고 판매해 시티 다오 트레저리에 자금을 모았다. 같은 해 9월부터는 토지 구매를 위한 논의를 시작했다.

그리고 시티 다오는 2021년 10월 와이오밍주에 토지 40에이커를 구매했다. 토지는 기존 도시와는 떨어져 있으며 공항에서 45분 떨어진 곳에 있다. 천연자원이 풍부하지 않은 그냥 평평한 토지다. 무언가를 구축하려면 처음부터 시작해야 하는 곳이다. 척박하지만 DAO 사상 처음으로 소유하게 된 토지라는 점에서, 그리고 DAO 구성원들이 토지를 공동 소유한다는 점에서 큰 의의가 있다.

해당 토지에 관한 소유권 증명은 이더리움 블록체인에 기록했다. 시티 다오 시민들이 토지를 나눠 갖는 내역도 블록체인에 기록된다. 이 덕분에 토지 소유권에 관한 증명을 위한 정부나 제3자가 필요없다. 누구나 블록체인을 통해 시티 다오의 토지 소유 여부를 쉽게 판단할 수 있어서, 사기꾼이 시티 다오의 토지를 보유하지 않으면서 보유하고 있다고 사기를 치기 어렵다. 시티 다오가 실제 토지를 블록체인과 연계한 이유는 시티 다오가 소유한 토지처럼 디지털화된 실물 자산을 공동으로 소유할 수 있다는 사례를 보여주기 위해서다. 실물 자산을 디지털화해 블록체인을 통해 관리하면 등기부등본을 통해 토지 소유자가 누구인지 확인해주는 중앙집중 시스템(정부, 금융기관)을 제거할 수 있다. 복잡한 절차가 사라지게 되는 것이다. 또한 값비싼 토지를 구매하지 못하는 사람들은 시티 다오와 같은 형태로 뭉쳐 토지를 함께 구매할 수도 있다.

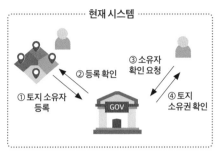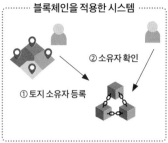

토지 소유권 확인 절차

시티 다오엔 2022년 10월 기준 현재 약 5000명의 시민들이 있고 2021년 11월엔 이더리움 창시자인 비탈릭 부테린과 가상자산거래소 '코인베이스' 설립자 브라이언 암스트롱도 시티 다오의 시티즌 NFT를 구매했다.

그렇다면 시티 다오의 토지는 어떠한 방식으로 활용할 수 있을까? 정부가 관리하는 토지라면 다수에게 최대한 많은 혜택이 돌아갈 수 있도록 유지하고 활용한다. 공원을 만들거나 공공시설을 짓는 등 말이다. 또는 기업이 관리하는 토지라면 수익 창출을 위해 활용할 것이다. 하지만 어떤 한 주체가 아닌 여러 시민이 공동으로 보유하고 있는 시티 다오의 토지는 사용 방법을 누구 하나 마음대로 할 수 없다. 시민들의 투표를 통해서 진행된다. 시티 다오의 시민권 역할을 하는 것이 NFT이고 NFT가 투표권 역할을 하게 된다.

NFT는 세 등급의 시티 다오 NFT가 있다. 우선 '퍼스트 시티즌 First Citizen NFT'는 초기 후원자들을 위한 시민권이다. 토지의 구획에 이름을 붙일 수 있다. 또한 발행된 NFT를 가장 먼저 구매할 수 있는 기회가 주어진다. 다음은 '파운딩 시티즌Founding Citizen NFT'로 퍼스트 시티즌 다음에 NFT를 구매할 수 있다. 마지막으로 '시티즌 NFT'는 일반 시민이다. 세 등급 모두 기본 투표권을 갖는다. 퍼스트 시티즌은 6이더리움부터 시작하는 경매를 통해 가격이 책정되고, 파운딩 시티즌은 10이더리움, 시티즌은 1이더리움에 발행됐다. 이 시민권들은 오픈시 등에서 구매할 수 있다.

시티 다오는 와이오밍주에 처음으로 구매한 토지 프로젝트를 '파슬 제로Parcel Zero'라고 부른다. 파슬 제로에 해당하는 토지에 관해 여러 제안들이 올라오고 논의가 진행 중이다. 예를 들어 파슬 제로 토지에 총 7.5이더리움을 시티 다오 트레저리에서 사용할 수 있도록 제안이 올라오고 승인됐다. 2.5이더리움은 와이오밍주 토지에 카메라와 센서를 설치하는 데 사용하자는 제안이다. 파슬 제로 토지를 실시간으로 카메라 영상을 통해 확인하고 온도를 측정하고 사물인터넷IoT를 연결하기 위해서다. 또 2.5이더리움은 파슬 제로 토지 근처에 안내 간판 등을 설치하고 방문객에게 수집 가능한 NFT를 제공하는 데 사용된다. 나머지 2.5이더리움은 드론을 구입해 파슬 제로를 촬영하고 홍보용 비디오를 제작하는 데 사용한다. 시티 다오는 2022년 7월 기존 시티즌 NFT와는 별개로 파슬 제로의 토지를 작은 사각형의 여러 구역으로 나눠 NFT로 발행해 판매했다. 이 NFT가 토지 소유권으로 파슬 제로에 구역마다 땅 주인이 생긴 것이다. 파슬 제로 토지에 관한 거버넌스 투표권은 시티즌 NFT가 아니라 파슬 제로 NFT를 보유한 사람만 가질 수 있게 했다.

파슬 제로 프로젝트 외에도 '파슬 블란카Parcel Blanca', '시티 다오 랩스City DAO Labs' 프로젝트가 있다. 시티 다오는 와이오밍주에 토지를 한 번 사는 것에 그치지 않고 계속 토지를 구매해 시티 다오의 영역을 확장해나갈 예정이기 때문이다. 파슬 블란카는 숙박시설을 만들기 위해 활용할 예정이다. 토지 구매를 하고 토지 임대에 관한 NFT를 만들어 시티 다오 시민들이 사용할 수 있도록 만들 계획이다. 빅파셀은 미국에 수백 에이커의 토지를 구매해 실제로 사람들이 거주하는 도시를 건설하는 것이 목표다. 이 목표를 달성하기 위해서는 아직 많은 시간과 과정이 남았지만 시티 다오는 실질적인 DAO 도시를 만들고자 시도하고 있다.

시티 다오에서는 DAO에 기여하고 보상금을 받을 수 있다. 시티 다오에는 세 가지 역할이 있다. 참여자, 기여자, 길드 멤버다. 참여자는 비정기적으로 발생하는 이벤트에 참여하고 보상금을 받을 수 있다. 예를 들어 원할 때 자유롭게 위클리 회의에 참여하면 보상금이 주어진다. 자신이 시간이 될 때 참여하기에 부담은 없다. 기여자는 디스코드에서 정기적으로 진행되는 회의나 길드들이 만든 스터디 그룹, 또는 워크숍 팀 등에 참여해 보상금을 받는다. 시티 다오에 더 깊숙이 참여하는 사람들은 길드 멤버다. 이들은 시티 다오를 위해 더 많은 시간과 노력을 쓰고 DAO가 안정적으로 성장할 수 있도록 기여한다. 시티 다오의 보상금, 트레저리, 길드 운영 방식들을 관리하고 DAO가 성장할 수 있도록 고민한다. 시티 다오는 커뮤니티, 디자인, 개발, 교육, 보상 등의 길드가 있으며 원하는 사람들은 길드에 참여해 보상을 받을 수 있다.

이외에도 시티 다오는 도시의 모습을 조금씩 갖춰가고 있다. 2022년 2월에는 시티 다오 헌장 제정을 위한 의회를 구성하기 위해 투표도 진행했다. 이 변화는 새로운 미래의 암시일지도 모른다.

▶ DAO에 참여하는 법

참여 방법의 종류

DAO는 스마트 계약을 통해 자동으로 조직의 프로세스가 운영된다. 하지만 모든 걸 자동화할 수는 없다. 스마트 계약을 만들기 위해 구조를 설계하고 프로그래밍하는 개발자도 필요하고 토큰 홀더들의 의견을 조율해 실제로 실행할 운영자도 있어야 한다. 이외에도 DAO에는 사람의 노동이 직접적으로 필요한 부분이 있다. 때문에 DAO에는 다양한 직군의 사람들이 필요하다. 또 사람의 손길이 필요한 상시 업무도 있고 일시적으로 사람의 작업이 필요한 부분도 있다. DAO는 이러한 부분을 세부적으로 나누고 DAO 생태계를 위해 구성원들이 어느 정도 참여하느냐에 따라 DAO에서 구성원에게 배분하는 보상금의 규모도 달라진다.

DAO에 참여하기 위해서는 DAO의 구조를 먼저 이해해야 한다. 어떤 DAO인지에 따라 구조가 달라질 수는 있지만, 크게 나눠보면 258쪽 이미지처럼 핵심 기여자(풀타임 기여자), 바운티 헌터(파트타임 기여자), 토큰 홀더(커뮤니티), 사용자로 나눠서 볼 수 있다. 유니스왑처럼 서비스를 보유한 DAO라면 사용자가 있으며, FWB처럼 특별한 서비스가 아닌 커뮤니티 자체로만 존재한다면 사용자는 없을 수 있다.

DAO에도 풀타임으로 근무하는 직원 또는 기여자가 필요할 때

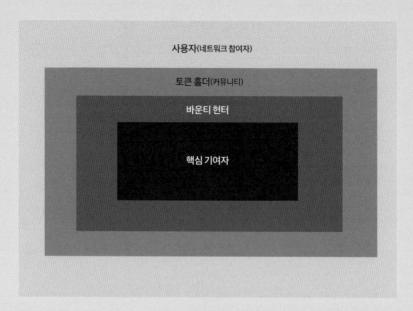

DAO 구조

가 있다. 이를 핵심 기여자라고 한다. DAO를 처음 설립한 팀이 핵심 기여자가 될 수 있다. 그리고 바운티 헌터는 DAO를 위해 상근으로 일하는 건 아니지만 DAO에 일시적으로 필요한 업무에 투입되는 기여자다. 토큰 홀더는 DAO의 거버넌스 토큰이나 NFT를 보유한 사람들을 말한다. 직접적으로 노동을 하지는 않지만 DAO가 성장할 수 있도록 아이디어를 제시하고 투표하면서 DAO가 건전한 커뮤니티로 발전할 수 있도록 지원하는 역할을 한다. 그리고 DAO에 기여하지 않거나 토큰을 보유하지 않지만 DAO에서 운영하는 서비스를 이용하는 사람들은 사용자로 볼 수 있다. 이러한 다양한 사람들이 모여 DAO가 운영된다.

핵심 기여자

핵심 기여자Core Contributor들은 일반 직장에서의 풀타임 근무자와 유사하다. 다만 DAO는 스마트 계약으로 업무를 자동화할 수 있기에 일반 직장보다 필요한 풀타임 근무자 수는 더 적다.

DAO가 설립된 초기의 핵심 기여자는 대부분 DAO 설립 멤버다. 처음 DAO를 만들고 운영하면서 사람들을 끌어모아 자연스럽게 DAO의 핵심 기여자 역할을 한다. DAO가 성장하고 난 뒤에도 계속 핵심 기여자로 남을 수도 있고 DAO를 떠날 수도 있다. 만약 DAO에 계속 남으면 이들의 역할은 조금씩 바뀌게 된다. 처음에는 DAO를 주도적으로 이끄는 역할을 하지만 시간이 지나면서 DAO가 완전하게 탈중앙화가 된다면 DAO에서 결정한 일들을 수행하는 역할로 자연스럽게 변한다. 대표적으로 BAYC NFT 프로젝트를 이끌었던 유가랩스를 볼 수 있다. 유가랩스는 BAYC 생태계 확대를 위해 에이프코인 토큰을 발행하고 에이프코인 토큰을 에이프코인 다오 거버넌스 토큰으로 활용한다. 에이프코인 다오 구성원들은 에이프코인 토큰 활용과 정책을 결정하고 유가랩스는 이를 수행한다. 예를 들어 유가랩스는 에이프코인이 돌아가는 블록체인을 기존 이더리움에서 에이프코인 자체 블록체인 네트워크로 전환하려고 시도했다. 하지만 에이프코인 다오가 이를 반대해 이더리움 블록체인에 남아 있기로 했다. 이처럼 유가랩스가 BAYC와 에이프코인을 발행했지만 에이프코인에 관한 중대한 결정은 DAO가 하고 유가랩스가 임의로 결정할 수는 없다. 결과적으로 유가랩스는 에이프코인에서만큼은 에이프코인 다오에 고용됐다고 볼 수 있다.

DAO의 핵심 기여자라고 해서 모두가 처음부터 DAO의 거버넌스 토큰을 갖고 있는 건 아니다. DAO의 초기 설립 멤버가 아닌 경우 일반 기업처럼 풀타임 근무를 할 수도 있고, DAO의 토큰 홀더로 참여했다가 DAO의 비전에 공감해 더욱 적극적인 활동을 하기 위해 핵심 기여자가 될 수도 있다.

DAO의 핵심 기여자는 근무한 대가에 관한 보상을 받는다는 점에서 일반 직장의 월급과 같다. 다만 DAO의 설정에 따라 월급을 받는 방식은 다르다. 일반 기업처럼 법정 화폐로 받는 경우도 있으며 DAO의 토큰이나 스테이블 코인으로 받는 경우도 있다. 처음에 DAO의 핵심 기여자로 고용됐을 때는 DAO의 거버넌스 토큰이 없다가 일정 기간 근무한 후 보상으로 거버넌스 토큰을 받게 되면 DAO의 핵심 기여자이자 토큰 홀더가 될 수 있는 셈이다.

DAO의 핵심 기여자를 선정하는 방식은 일반 기업의 채용 과정과는 다를 수 있다. 일반 기업에서는 관련 부서 책임자가 결정에 관여한다. DAO는 기존 핵심 기여자들이 채용에 크게 관여하는 경우도 있고, 이 과정 또한 DAO의 투표로 결정할 때도 있다. 가상화폐 탈중앙화 거래소인 '스시스왑'의 핵심 기여자를 채용하는 프로세스를 살펴보자. 스시스왑의 핵심 기여자가 되려는 지원자는 채용 제안서를 DAO에 제출한다. DAO 구성원들은 제안서를 검토하고 투표를 진행한다. 최소 정족수인 500만 표를 충족하면 공식적으로 핵심 기여자로 채용하는 방식이다.

바운티 헌터

핵심 기여자가 풀타임 근무자라면 바운티 헌터는 파트타임, 또는 프리랜서다. DAO의 구성원 중 DAO의 프로젝트에 참여해 일정 기간 DAO에 필요한 업무를 수행한 후 기여한 만큼 보상금을 받는 사람들을 바운티 헌터라고 한다.

일시적 프로젝트가 아니더라도 상시 프로젝트에도 바운티 헌터가 참여할 수 있다. 풀타임 근무가 필요한 업무가 아니라 자신이 원하는 시간에 원하는 장소에서 원하는 방식으로 근무하는 방식이다. 예를 들어 DAO 프로젝트의 마케팅 담당 바운티 헌터라면 하루에 정해진 시간만큼 일하는 것이 아니라 일주일에 2번 프로젝트에 관한 콘텐츠를 작성해 블로그에 올리는 역할을 할 수 있다. 개발자라면, 분기에 한 번씩 DAO 서비스 앱을 업데이트할 때만 근무하고 이에 관한 보상을 받을 수 있다.

바운티 헌터들은 핵심 기여자들보다는 자유롭게 근무 형태나 근무 방식, 근무 기간을 결정할 수 있다. DAO에 기여한 만큼 보상을 받기 때문에 작업 범위는 핵심 기여자보다 명확하게 명시되는 경우가 많다.

DAO의 바운티 헌터로 참여하려면 DAO 구성원이어야 유리하다. 보통 바운티 헌터를 구할 때 DAO 커뮤니티 내에서 공고를 올리고 대부분 DAO 구성원 중에서 선정한다. DAO 구성원이라는 의미는 이미 DAO의 비전과 목표에 공감하고 있다는 뜻이며 이들은 더 적극적으로 업무에 참여할 가능성이 높다.

DAO 중에서는 바운티 헌터들로 구성된 DAO도 있다. 이를 서비스 다오라고 부르며 대표적으로 앞서 서비스 다오 사례에서 살펴본 레이드 길드RaidGuild가 여기에 해당한다. 웹3.0 관련 프로젝트들이 전문가의 작업이 필요할 때 레이드 길드 전문가 구성원들에 작업을 요청한다. 레이드 길드 구성원은 해당 작업에 관해 일을 하고 해당 프로젝트로부터 보상을 받는다.

토큰 홀더

핵심 기여자와 바운티 헌터는 DAO를 위해 자신의 노동과 시간을 쓰는 역할을 한다. 토큰 홀더는 DAO의 거버넌스 토큰을 보유한 커뮤니티를 구성하는 일원으로 DAO의 생태계 운영과 성장을 위해 새로운 제안을 하고 제안에 관해 투표를 한다. 의사 결정을 하는 역할이다.

토큰 홀더는 핵심 기여자, 바운티 헌터의 역할도 할 수 있다. 평소에는 토큰 홀더로만 있다가 시간이 남는 기간에는 일시적으로 바운티 헌터로 DAO에 참여하는 방식이다. DAO 성장에 기여하고 싶다면 DAO에 핵심 기여자가 필요할 때 지원할 수 있다.

토큰 홀더들은 주식회사의 주주와도 유사하다. DAO의 토큰을 보유하고 있다는 의미는 DAO에 관한 일정 부분 소유권을 보유한다는 의미다. 이에 DAO, 또는 DAO가 운영하는 서비스에서 수익이 난다면 토큰 홀더들은 수익의 일정 부분을 주식의 배당금처럼 배분받는다. 이는 DAO가 수익 배분 구조를 어떻게 정하는지에 따라 달라진다. 또는 투자나 수집 DAO라면 DAO의 투자 및 수집 활동을 통해 벌어들인 수익을 나눠 가질 수 있다.

서비스 사용자

마지막으로 DAO 구조에서 사용자를 언급했지만, 엄밀히 말하면 사용자는 DAO의 구성원은 아니다. 다만 DAO가 운영하는 서비스 또는 플랫폼 중에서는 사용자의 서비스 활용 정도에 따라 DAO의 거버넌스 토큰을 사용자에게 주기도 한다. 이 경우엔 사용자가 토큰을 받게 되어 토큰 홀더가 된다. DAO 서비스의 모습 덕분에 웹3.0 기반 서비스는 서비스 사용자가 서비스에 영향력을 미치는 소유자가 될 수도 있다고 표현한다.

예를 들어 NFT 플랫폼인 '라리블'은 DAO 형태로 플랫폼을 운영하기로 하고, 라리블 사용자에게 DAO 거버넌스 토큰인 라리 토큰을 나눠줬다. 라리블 사용자가 곧 라리블에 관한 의사 결정에 참여할 수 있게 된 것이다.

이렇게 토큰을 받는 사용자들을 네트워크 참여자라고 부르기도 한다. 서비스를 사용하면서 네트워크 효과를 일으켜 서비스를 활성화하기 때문이다. 이를 통해 사용자는 서비스가 자연스럽게 성장하는 데 기여하고, 이러한 부분을 인정받아 거버넌스 토큰을 받는 것이다. 유튜브와 비교해보면 쉽게 이해된다. 유튜브 성장에는 영상 콘텐츠를 제작하는 유튜브 크리에이터와 영상을 소비하는 시청자가 있다. 유튜브는 크리에이터와 시청자의 활발한 활동을 통해 성장할 수 있었다. 유튜브도 이를 인지하고 크리에이터의 더 많은 참여를 유도하기 위해 크리에이터들에게 조회수와 시청 시간 등에 기반한 광고 수익을 나눠준다. 하지만 이러한 구조는 일부 유명 크리에이터들에게는 큰돈을 벌 기회가 되지만 대부분의 크리에이터들에게는 생계를 책임질 만큼의 수익은 아니다. 또 유튜브를 시청하는 사용자들에게는 유튜브 성장에 따른 혜택이 돌아가지 않는다.

DAO는 유튜브 크리에이터와 시청자 모두에게 서비스 성장에 기여한 만큼 보상한다는 의미에서 토큰을 배분한다. 이러한 구조 덕분에 게임 플레이를 하면서 돈을 버는 '플레이 투 언', 배우면서 돈을 버는 '런 투 언Learn to Earn', 걸으면서 돈을 버는 '무브 투 언Move to Earn' 등 다양한 'X to Earn'이 등장하기도 했다.

플레이 투 언은 사용자가 게임을 하면서 거버넌스 토큰을 얻고, 게임이 성장하면 거버넌스 토큰의 가치도 높아질 수 있기에 게임을 하면서 돈을 번다고 알려졌다. 런 투 언은 학습으로 돈을 버는 시스템이다. 예를 들어 블록체인 교육 영상 플랫폼에서 교육 영상을 시청한 사람들에게 토큰을 나눠주면 이 토큰 또한 향후 매도를 통해 현금화할 수 있다. 사용자들 덕분에 서비스가 성장하고 과실을 사용자들에게 나눠주고 사용자가 스스로 서비스의 주인이 되는 선순환 구조를 만든 것이다.

마치며

DAO는 미래 일자리가 될 수 있을까

다양한 방식으로 DAO에서 돈을 벌 수 있기에 DAO를 미래의 일자리 형태로 보는 시각도 많다. 자유롭게 근무하면서 돈을 벌기를 원하는 사람이 늘어나면서 DAO의 자유롭고 다양한 근무 방식이 주목받는 것이다.

기존 회사에서는 일한 대가로 법정화폐를 받는다. 하지만 이는 회사에 관한 소유로 이어지지 않는다. 반면 DAO에 기여하면서 거버넌스 토큰으로 받게 되면 DAO의 근로자이자 주인이 될 수 있다. 또한 이 토큰은 DAO를 위해 더 적극적으로 일하게 하는 동기 부여가 된다. DAO가 성장할수록 토큰의 가치가 상승할 가능성이 높기 때문이다. 기업이 직원에게 스톡옵션이나 회사 주식을 주는 이유도 비슷하다. 회사가 성장할수록 주가가 상승할 가능성이 높다.

DAO가 현재 상황에서는 기존 회사보다는 불안정한 일자리인 건 틀림없다. 그런데도 일반 회사가 아닌 DAO를 선택해서 일한다는 건, 그만큼 DAO의 비전과 목적에 동의하고 함께 실현해나가자 하는 욕구가 높은 구성원일 가능성이 크다. 공통된 목적과 목표, 비전을 보유한 사람들이 모였기에 DAO에 기여하는 활동은 더욱 적극적일 수밖에 없다.

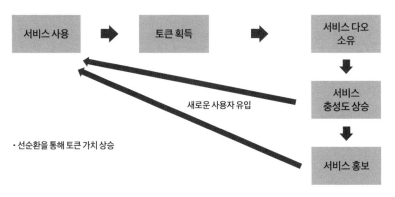

사용자 입장에서 DAO 서비스의 선순환 구조

아직 DAO가 초기의 모습을 갖고 있고 이론적으로 좋아 보이더라도 점차 DAO가 확산하면서 좋지 않은 모습들이 보일 수도 있다. 이론이 현실화되면서 생각하지 못했던 부작용이 생길 수도 있다. 이러한 이유에서 DAO가 모든 조직, 모든 일자리를 대체하지는 못할 것이다. 다만 DAO로 인해 더 다양한 사회의 형태가 만들어질 것이라고 조심스럽게 예측해본다.

DAO에 관심은 가지만 지금 당장 DAO의 핵심 기여자로 참여하기는 두렵다면 우선 DAO의 서비스를 이용하는 사용자, 즉 네트워크 참여자가 되어보는 것도 좋은 시작이다. DAO의 움직임이 자신과 잘 맞는다면 DAO에 기여하는 단계를 한 단계씩 높이면서 자신도 모르는 사이 새로운 조직의 미래에 깊숙이 관여하고 있을 것이다.

미주

1. 〈[책마을] 경쟁 없는 자본주의는 더 이상 자본주의가 아니다〉 (한국경제, 2019.03.20)
2. 〈[세상 읽기] 바보야, 문제는 독점이야〉 (한겨레, 2019.05)
3. 〈[책마을] 경쟁 없는 자본주의는 더 이상 자본주의가 아니다〉 (한국경제, 2019.03.20)
4. 〈Why Decentraland is more than just Minecraft with crypto〉 (Decrypt, 2020.02.21)
5. 〈11 Most Interesting DAOs of 2021〉 (Decrypt, 2021.12.22)
6. 〈The Amazing Billion-Dollar DAO〉, (Decrypt, 2021.06.27)
7. https://gallery.so/PleasrDAO 에서 플리저 다오가 수집한 NFT를 확인할 수 있다.
8. pleasr.org
9. 〈PleasrDAO Genesis: a cartel of PEEPS that aim to pleas〉 (2021.05.29, PleasrDAO 블로그)
10. 〈Andtreessen Horowitz backs NFT investor group behind rare Wu-Tang Clan album purchase〉 (Techcrunch, 2021.12.15)
11. 〈Crypto art collector PleasrDAO is raising 69 million〉 (The Block, 2022.01.25)
12. 〈This Social Club Runs on Crypto Tokens and Vibes〉 (The NewYork Times, 2022.03.02)
13. 〈Investing in Friends With Benefits(a DAO)〉 (a16z.com, 2021.10.27)
14. https://twitter.com/doodles/status/1617500427024482306?s=20&t=Zk7V9gAPnKr xS-XMWedXiw
15. 〈Doodles Domination: How a 1-year-old NFT project turned into the next big thing〉 (Fastcompany, 2022.09.13)
16. 〈Inside Bored Ape Yacht Club's Plans to Master the Metaverse〉 (2022.12.20, Cnet)
17. https://www.theboredapegazette.com/
18. 〈Live by the DAO, DAO by the DAO〉 (Decrypt, 2021.09.11)
19. 〈LexLocker - Crypto Law Codified〉 (LexDAO 블로그, 2020.12.27)
20. 〈Gitcoin Passport To Make Fundraising, Governance More Fair〉 (Blockworks, 2022.07.28)
21. 〈Approve the Bankless DAO Genesis Proposal?〉 (뱅크리스 다오 스냅샷, 2021.05.04)

다오 DAO

초판 1쇄 인쇄 2023년 6월 9일
초판 1쇄 발행 2023년 6월 21일

지은이 이유미
펴낸이 이승현

출판2 본부장 박태근
MD독자 팀장 최연진
편집 방호준
디자인 THISCOVER

펴낸곳 ㈜위즈덤하우스   **출판등록** 2000년 5월 23일 제13-1071호
주소 서울특별시 마포구 양화로 19 합정오피스빌딩 17층
전화 02) 2179-5600   **홈페이지** www.wisdomhouse.co.kr

ⓒ 이유미, 2023

ISBN 979-11-6812-648-0 03320